目　录

COUNTERATTACK

逆袭

大宝子 —————— 著

九州出版社
JIUZHOUPRESS

图书在版编目（CIP）数据

逆袭 / 大宝子著. -- 北京 ：九州出版社，2019.6
ISBN 978-7-5108-8142-8（2020.8重印）

Ⅰ．①逆… Ⅱ．①大… Ⅲ．①生活方式－通俗读物
Ⅳ．①C913.3-49

中国版本图书馆CIP数据核字(2019)第120478号

逆袭

作　　者	大宝子　著
出版发行	九州出版社
地　　址	北京市西城区阜外大街甲 35 号（100037）
发行电话	(010)68992190/3/5/6
网　　址	www.jiuzhoupress.com
电子信箱	jiuzhou@jiuzhoupress.com
印　　刷	北京九州迅驰传媒文化有限公司
开　　本	850 毫米 ×1230 毫米　32 开
印　　张	6
字　　数	90 千字
版　　次	2019 年 7 月第 1 版
印　　次	2020 年 8 月第 2 次印刷
书　　号	ISBN 978-7-5108-8142-8
定　　价	58.00 元

第一章　我是大宝子

一、减肥，我美好人生开始的第一步

二宝妈癌术后，二百斤的转身，我们不会变得更老，只会变得更好。

我是大宝子，两个儿子的妈妈。二十五岁那年我得了恶性肿瘤，俗称"癌症"。此后的日子，在抚育两个儿子的同时，工作创业，减肥瘦身，然后辞职国企，经营生活，不仅越来越健康，也活得越来越自由和洒脱。两次产后减肥到现在，我累计减重超过一百二十斤。要上班，要带孩子，要工作，甚至要创业，在成为更好的自己这条路上我走得曲曲折折。但我也积累了很多经验，让我从减肥到按自己的想法生活。我们不能选择原生家庭，不能重新选择已经选择了的人生路，但我们可以从此刻起给自己一个笃定的方向，勇敢迈出一步，相信人人都可以成为自己最终想成为的那个人。

1. 又馋又懒的脂肪肝大宝子

一个人变老的标志，是人生可以一眼望得到头，不会有改变。放弃学习，放弃提升自己，麻木生活，常有想法，常半途而废。对自己的身材负责，是少数你可以看得到的投资里，最快见效的项目，并且，受益一辈子。

以前我也总是默默羡慕我微博关注的那些充满斗志的妈妈，一天可以干很多事，健身减肥育儿工作什么都不耽误，而我只想躺着玩手机。借口很多：看孩子累，身体不好，工作太忙，需要休息。每年年初雄心勃勃给自己制定的计划，到年底没有一个能实现。常吹牛，常不了了之。

那年春天，不见南墙不落泪的我，又吹牛去了。那天我一边喂奶一边看着网上各种马甲线大洋妞，看得浑身热血沸腾，一狠心跟自己说：我也想有这样的身材。然后就在朋友圈，高调地立了一个 flag："我年底要来秀马甲线。"这个举动当时引起了圈里好友们很大的轰动。可惜历史重蹈覆辙，这个牛只是吹出去了而已！过后的几个月，我继续以"我在喂奶"为借口迟迟没有减肥。

两个月后单位组织体检，医生说我有中度脂肪肝。什么？我才二十九岁就中度脂肪肝了！受了刺激的我跑到健身房办了一张健身卡，决定利用产假早下班那一个小时，上健身房减肥。第一次上健身房，跟了十五分钟搏击课，我的脸就紫成了猪腰子色。那次失败的经历，让我决定放弃减肥。我相信很多想要减肥的"健身房小白"，也是这样放弃的吧！

2. 二百斤的华丽转身

办卡以后的那个秋天，我小儿子总是生病，常哭哭闹闹。一宿一宿不睡觉，那时候特别能体会，为什么生孩子是夫妻感情生活的百慕大三角。整整一个月，上班，抱孩子，抱孩子上医院，我纵使有万般好心情，却抵不过一个"累"字。有一天中午，我抱着孩子，走到镜子前，抬头看看镜子里的我，就像大妈一样：破破烂烂的衣服，破破烂烂的头发。真的好想哭好崩溃，我过的这是什么生活，我不想再这样了！！

那次我铁了心回到健身房。我要花钱，这是我最后一次减肥。

时隔五个月，我第一次想起我曾怀有"年底我要在朋友圈秀马甲线"的壮志。我要重回健身房！我要减肥！我要瘦！

那以后的日子，我像打了鸡血一样，刮着风下着雨的夜，周末孩子睡觉以后，我都在健身房挥汗如雨。

可惜鸡血姐我好景不长，没过多久，我就没时间总去健身房了，得看孩子，下班不回家有罪恶感，怎么办？于是我开始琢磨，肥还是要减，是不是必须要去健身房？上班午休的时候少跟同事八卦一下，做做有氧运动消耗一下热量行不行？下班少坐两站车，走路回家当做有氧运动消耗一下热量行不行？健身房的课总赶不上，我跟着视频自己练好不好？是不是减肥一定要去哪干什么才叫减肥，并不是啊！

在网上买了健身工具开始在家练，效果也不错。利用工作午休的时间，出去做做有氧运动。那时候每天上班都是来去匆匆，从来没意识到办公室附近的风景是如此的好，冬天有银杏，夏天有荷花，很多外地游客来北京特意打卡的景色，我以前却只知道抱怨，没有一双发现美好的眼睛。

减肥之前，下楼拿快递感觉可累了，就想窝在椅子上不动。减肥以后，干什么都觉得是消耗，蹦蹦跳跳上下楼也不觉得有负担了，上不去电梯的时候咱走楼梯啊，跑上跑下复印，帮同事拿东西，排队啊办事啊抢着去，心态越来越积极，大家都说我热心，其实只有我明白，这都是我的减肥小心机。

减肥的"副作用"是：人际关系竟也越来越好了！

不知不觉改变的不仅仅是身材，更是心态。

一点一点，运动加饮食的调整（具体的调整方案我会在第二章给大家详细介绍）我的体重开始螺旋式下降，9月到11月总共减了二十斤。减肥达人很多，我应该不算减得最多的，但是减肥不应该以盲目追求数字为效果，更应该看看你的衣服是不是松了，压箱底系不上扣的是不是能穿了，这才是真的瘦了。

二胎妈妈很多，带孩子创业的也不少，得过癌症的人很多，有多少人一把年纪还能保持好的生命状态和好的身材呢？我，成功地实现了以上所有。

常有人问我，自己减肥总是失败怎么办？别人总说风凉话怎么办？我的建议是：如果你想做什么非要去请教什么人，一定要向在这行已经做成功了的人请教。（在这里向潇洒姐致敬）我们常说的没时间，是不是真的没有时间？还是我们给自己的不断拖延找了一个借口。当妈妈就不可以做自己了吗？当妈妈就不能有属于自己的生活吗？并不是这样。是你认为这样而已！

你认为工作和家庭占了你大多数的时间，你认为无法带着孩子幸福地旅行，你认为孩子家庭是你的全部，你认为加班就不能瘦了。除了去顽固地认为自己不行，有没有预想过一点点儿办法，来创造机会让自己"做到"。

最大的难，就是还没开始你就觉得难。

想都是问题，做才是答案。

四五年前我真的也挺辛苦的，看孩子、上班，遇到孩子生病、工作加班时，更是忙得团团转。谁家孩子不生病？我家两个儿子啊，一病就互相传染。有时候我也质疑人生，我生老二到底对不对，我是不是为了这所谓的面子和什么陪伴付出了太多人生。后来有一天，我丢弃了让自己懈怠的无数借口，坚持走到健身房门口，突然明白，生活让我记住的应该是她的好，是从磨炼中扬起的自己，即便困难重重，即便借口一箩筐，我就是要做认真生活的女人，即便孩子生病，我也要认真对待一顿饭，认真对待每一次健身，我的时间有限，所以我才更应该把精力用在雕刻自己，而非抱怨。

那时候的我，没想过，更不敢想自己有今天。而痛苦本身给了我探索生命本质的机会，帮我成长，也是在那时候，我开始奋起减肥成了今天的样子。所以不要害怕逆境，逆境把我们变得好厉害。

当然你也可以不减肥，可以继续馋懒，没问题，开心最重要。就是你也别看着好看衣服没你的号心里失落，也别觉得一百张照片挑不出一张好看的搓火。胖和瘦，都是自己的一个选择，为这个选择的结果负责就好，不要给人生留遗憾就好。

减肥以后，我边工作边拿下了艺术硕士学位，考了初级、中级 SCAA 国际认证咖啡师，国际认证尊巴教练，参加了健身小姐比基尼大赛，还去考了潜水证。这些个自我实现的部分，没有一个是因为"利益"，全部是因为"我喜欢"，而这些不经意的付出，回报给我的是成倍的自我价值，帮助我离开国企，自己打拼，从而收获了更自由、更绽放的人生。

减肥，是我美好人生开始的第一步，帮助我从此岸到达彼岸。

我成功了，所以你想不想成功呢？

二、癌术后的我

1. 发现癌症那年，我刚要过二十六岁生日

大儿子一岁的时候，我参加单位组织的体检，外科医生摸着我的脖子说："姑娘啊，你这脖子有点大，应该去做个彩超看看，我给你开个单子吧！"

凭着我多年怕忽悠的经验，拒绝了那位民营医院的大夫，回家开玩笑一样跟我婆婆说："他们说我脖子比别人大，还让我做彩超，哈哈哈哈！"婆婆听完我的描述建议我："如果医生说了，那不如咱们就去医院看看吧，就去家门口的那个医院，也耽误不了太多时间！"

于是我听了婆婆的话，上家门口社区医院挂了号，因为医院小排队人也少，前面只等了两三个人，每个人进去都几分钟就出来了，我正开心地想今天看完病还不耽误上班，就被叫进去了。

别人用了三分钟时间做 B 超，我用了二十分钟。医生一边给我看，一边叫来身边一个稍微年长的同事过来一起看，两个

人边看边研究，给我的诊断是"钙化、丰富血流"，让我去三甲医院再看一看。此时我的感觉不太好。

我？

认识到这个事和我想的不太一样，大夏天的我又折腾跑了两家三甲级医院找了专家。其中一家医院彩超都要排到一个月以后，另外一家医院的专家说是肿瘤，不管是良性还是恶性都建议切除，因为再大会导致压迫神经和气管。

我也没经历过什么事，一直有点憷，医生让干吗只好干吗。我匆忙请了假，孩子也没法管了，就去做术前准备，对自己得癌症这件事一无所知。做手术前晚，对着镜子看着自己的脖子，二十五岁姑娘美丽的脖子都要被拉开了，无论是良性还是恶性，都会留一个很大的刀疤。

那段时间一下经历太多，我表面大大咧咧，逢人便说自己得病能休长假了，心里却还是害怕，害怕脖子开刀，更害怕别人指指点点的目光。

手术那天下着大雨，男神（我对我先生的爱称）帮我签了一堆手术知情书，比如切断气管、声带等等有生命危险的预前告知。整个过程，他为我承受了不少，直到现在我都十分感恩。在手术中定性为"恶性肿瘤"，我进行了二次手术，我是那天所有病人中最早推进去，但最后一个推出来的。期间我因为麻醉剂量不够，还醒了一次，吓死姑奶奶了。

手术过程中大灯照着我，听见医生说："她的结果不好，得开刀重新来。"我脖子仰着，用含糊不清的声音撕裂地喊着："医生，我醒了，我醒了！"医生也被吓了一跳，喊出来："她，她醒了！"

我心说，您可别醒着干拉我啊！后来又上了呼吸麻醉，我才睡过去。

我这辈子住过三次医院，两次因为生孩子，还有一次就是患癌。被推出来以后家人不敢告诉我，其实我迷迷糊糊心里也多少明白点了，还"猪坚强"地给自己拍了一张照片，只有天知道我有多害怕！

那天以后，我的担心从脖子上的刀疤，变成了癌症复发。

2. 怕死寻找生命真相

得癌症出院以后，因为害怕癌症复发，我进入几个全国"甲状腺术后患者群"，进去以后我听说，有很多病友虽然找了三甲医院著名专家诊治，最终仍不幸离世，心里十分悲观，想着或许哪天我的癌细胞就转移到淋巴了。本着及时行乐的态度，能吞咽以后，发挥我吃货的本色，拉着男神到处吃吃喝喝，体重长了二十多斤，看起来就像一个又丧又穷的大妈。

除了自暴自弃，我还不忘到处花钱找大师算命，看塔罗牌和星座运势，把市面上我能找到的那些方法都试了一遍，看看自己的阳寿还剩多少了。

作为一个妈妈，我既不好好生活，更不好好看孩子，被吓得天天琢磨着怎样才能让癌症不复发。可以说是过了相当没溜儿的一段日子。

后来我开始研究中医和《黄帝内经》，老祖宗很早就讲过，得癌症的人是因为情绪导致的。我发现人的命运是自我创造的，是可以改写的。而得癌症这件事，很大程度上也和我的心态、思想有关。身边很多人把得癌症的原因归结为空气、水、土壤的问题，还有很多人说得甲状腺癌是因为碘盐，但是他们为什么不问问，全中国那么多人都在吃这样的盐，为什么只有你得癌症呢？

3. 发现真相，自我成长

知道身边很多朋友都谈癌色变，大家对我得过癌症的经历也有一些"同情"，而其实生命中发生的事，都是非好非坏的，就像塞翁失马，在这一个事件发生时，你根本不知道下一步即将到来的是什么。而决定结果的，是你以什么样的心态来面对事件。我不会说"一切都是最好的安排"，谁得癌症是最好的安排啊？扯淡吗不是！我们决定不了遭遇什么，但是我能决定我如何面对得癌症这个事，以及我如何通过这个事内在成长，这才叫"最好的安排"。

前些日子去中医院看病，那个挂不上号的肿瘤科专家门口依旧坐了那么多病人。我想起五年前我去看病的故事。大家打招呼说的不是"你好"，而是"你得的什么癌，几年了？复发过吗？"

在普通人看起来非常倒霉的事，在那就是打交道的第一句话。我始终记得那里低落的氛围，病人们看专家求希望的迫切，曾经我也是他们其中的一员。今天我在写文章回忆的时候，依旧感激这些经历，这些让我从此飞速成长的经历。"每一个安排，都是最好的安排"，这句话不是用来自欺欺人的，是用来通过事件成长的，成长是果。

我身体气血虚，属于长期和医院打交道的类型。常年关节炎，腿总是比天气预报还准，有时候赶上返潮的天气，早晨都是疼醒的。长久以来我很少提这些，因为我也不需要安慰和同情。我只是想告诉大家，别看我嘚瑟，我的苦和痛并没有每天拿出来说，每个人都有自己的难，对于命运，接受就好。

大家看我乐乐呵呵忙着自己的事业，哪里知道我身体上的难受。怪老天爷在我这么年轻的时候，没有给我一个好身体？看熊顿电影的时候，我特别理解父亲知道他闺女得了绝症在超市里失声痛哭是什么滋味。她父亲在电影里哭，我一包纸巾坐椅子上哭。我当时确诊的时候，男神说我妈如果当时没有人扶，就坐地上了。我自己不怕死，但是总觉得年纪轻轻就让爹、妈、男神跟着揪心，心里很愧疚很愧疚。难受的时候也会喝点小酒，坐在地上偷偷哭一鼻子，五迷三道地问问老天爷你什么意思，给我个这样的人生，然后第二天起床，该干吗干吗。

时隔八年，我成长了。八年中我接触和帮助了很多甲状腺癌病友，我发现像我这种"甲状腺癌症"患者，大抵都有类似的性格特征，我说的是个大概：

（1）外表大大咧咧没心没肺，实际玻璃心。

（2）常觉得自己代表正义，特别爱主持正义。

（3）很善良，所以在做事上黑白分明。分明到家了！根本不允许灰存在，碰见黑就会生气。电视上演个电视剧也能跟着生气。

（4）说自己不在意付出后的回报，没有得到相应回报还是会生气。

（5）常常因为自己觉得自己正义而指责挑剔别人。可以简称为"事儿多"。

（6）爱急，肝火旺，急的时候自己却不知道。因为爱急，会伤害到身边至亲的人。

我不知道有多少人生病以后，除了去看病化疗，还能认认真真观察自己性格模式的，反正这些年，我始终在反省自己，这就是古人说的"吾日三省"吧。当然功课不仅仅是在身体上，更是在心上。

通过看中医，我发现很多病都是情绪病，说白了就是自己跟自己过不去，气出来的。爱面子，羞于表达，不敢拒绝，"玻璃心"，太把自己当回事等等，不同情绪，不同淤积，不同病。没有这场病，我永远认识不到自己拿不上台面见不得光的心理小阴暗面。我总觉得全世界人都欠我的，总觉得自己虎落平阳，一身本事找不到好平台，总觉得自己代表正义，到处跟人家不对付。

自从得癌症以后，好多事我真的都不在意了。"玻璃心"没了，表里如一地大大咧咧。对于命里有的没的都坦然接受。

和以前的我比，现在的我少了一份犹犹豫豫磨磨唧唧，现在更多的是想做什么，立刻就做，只为给自己这辈子，不留遗憾。

孝顺爹妈、出国旅行、辞职创业，我怕我有一天觉得自己是白活了。我也不想要什么人生奇迹了，我能活着就是最大的奇迹，每天感受到太阳照到我身上，仰起头看到蓝天，就是幸福。

4．写给遭遇人生困境朋友的话

自我成长以后，我的故事开始被更多人知道，她们把遇到困难的朋友推荐给我，那时候我开始做免费个案咨询，然后被大家推动着做收费个案咨询。这些年我做了上千个案，她们有的感情不顺，有的事业彷徨，严重的已是癌症晚期患者。

有一些癌症患者想要通过我的经历获得能量，我想当你了解了癌症是什么原理，就真的没必要恐惧了。在中医里没有癌症的概念，只有堵、不通。那么我们一方面调整自己的心态，另外一方面好好锻炼身体，积极治疗，就一定会痊愈的。那癌症复发是怎么回事呢？就是这个地方通过手术好了，但是这个人的思维模式没改变，造成"堵"的根源没改变，遇事较劲、生气、不痛快不表达，然后堵了呗，老好人当着呗您嘞。

我从原来害怕疾病到现在活得越来越无所谓，用了几年时间。只是想告诉大家，癌症不可怕，可怕的是一颗医不好的心。不用跟你身边任何人说你癌症，你可怜，你化疗。别人不会同情你，反而想离你远一点。

如果想要得到别人发自内心的尊重，活一天没死，就活出个样来，一天没死，就别给自己这些什么癌症的框框。人生还有很多事要做，一个个都做了，不留遗憾地生活，爱谁谁。

当你有这种力量的时候，即使到了癌症晚期或许也能治愈。当你可怜地说：我癌症，我可怜，我吃不了东西，我吐了，我秃了，这个那个，不是癌症也能想出个癌症，心想事成就是这样。

如果你不从痛苦里成长，罪就白受了！！如果你不勇敢起来战胜疾病，疾病就来收拾你。

"怨天尤人，得过且过，只能让生活愈加痛苦。唯有起身行动，做出改变才有可能扭转不好的情势，每个人都有改变自己的潜能。"

我从小想要"度众生"，却没想到自己在最好的岁月里遭遇一场人生剧变。在此后，我明白一个人如果不做好自己，是没办法"度众生"帮助别人的。唯有先把自己做好，才能通过自己的改变影响身边的人。

希望让更多的人知道，人生可以有一种态度叫做明天死今天我也要积极生活。一起勇敢往前走吧!

三、跟小 S 学扭屁股

1. 又立 flag

减肥成功以后，我开始边上班边用微信业余带人减肥，从无心的玩玩闹闹到注册公司，在很多朋友的帮助下事业越做越好，后来我又顶着压力做自己想做的事，辞职国企，继续做身心成长的事业，给大家讲关于减肥、身心成长主题的课。

一部分是事业，另外一部分是生活，追求更好的自己，从没有因为我是谁而停止过。健身和 get 新技能，还在持续颠覆我的生命。

2017 年夏天，从来没有跳过尊巴的我，第一次在小 S 的微博看见了年近四十的她扭屁股。除了扭屁股，她还会经常醉酒素颜叨叨，她说她一把岁数了，人生的路，是好是坏，自己做主，不要有人再来指手画脚了。对她勇敢做自己的性格我心生佩服。然后偷偷想，一把岁数的我是不是也可以学学扭屁股呢?

这想法不了了之，直到在 9 月的一个课程上，遇到一位坐在角落里羞涩不作声的女孩，她在休息的时间带动全场学员跳尊巴，让我们看到她在台上和台下的两种生命状态，她在台上的那种自信洋溢和绽放让我好生羡慕。当天嗨舞结束，我拉着她追问："我，有没有可能把舞跳成你这样？"

她说："当然可以啦！"

然后，我不服输地下了一个决心，我好歹也混减肥运动界这么些年了，虽然协调性不好，但是挑战一下好不好？于是，我又在朋友圈立了一个 flag：嗯，年底啊，我要来给大家跳尊巴！跟上次一样，又是一片沸腾，各种建议，然后，大家其实慢慢就忘了爱立 flag 的大宝子……

回北京以后，我开始在微博、健身房以及各种地方找如何学好尊巴的办法，那年年底，在跳了四十小时以后，我成功地在朋友圈发了自己跳舞的小视频。嗯，我是一个如此喜欢立 flag 的女人。

那时候我好歹在健身房混了快四年，从私教到团操，试过普拉提、搏击、瑜伽等等，但是但凡跟女性魅力有关的，我都浅尝辄止。不是没去过，是"臣妾做不到"。过去我是一个大妈，女汉子，性格不柔软，身体更不柔软。如果说女人是水，我可能是块假玻璃，还有一个玻璃心，随时咔嚓就碎，不能扭不过人家丢人。

除此之外，我还不太喜欢扭胯抖骚。我是一个看着外表张扬到处嘚瑟的女孩，但原来很长一段时间，跟男人一个眼神接触都会让我脸红，为了不脸红，我走在大马路上见谁瞪谁，不是傲气，是心虚。

直到有一天，我逐渐学会面对男人点头微笑，不再傻呵呵地见谁瞪谁，不再脸红，不再尴尬，我发现我可以很好地和别人眼神交流，我为什么不能再自信一点？

我的体力不太好，癌术后去健身房练搏击，十五分钟就差点晕过去，打那以后我每次操课无一例外地站在最后一排。我跟不上动作，我害怕我坚持不下去，我怕大家都蹲下的时候我做错动作站在那丢人。直到有一天我可以连着上两节课，可以更好地跟上节奏，甚至开始分辨教练够不够专业，我站得越来越靠前，动作也越来越标准，我发现我跳得也还不错，我为什么不能再自信一点？

我的身材不太好，生过两个孩子胖过的人都懂，即使你已经瘦下来，但是过后很长一段时间，你会无意瞥到自己腰间的赘肉和妊娠纹，难以遮挡的副乳，所以即使健身很久，我也依旧从不挑战太暴露的衣服。

有一天我发现健身房的很多时尚姑娘穿的都跟被撕烂的一样，她们每件衣服都昭示着：老娘最好看最性感，男神快看我。而我的衣服，每一件都能把自己包得像个粽子。那天下课，我也去买了一身撕烂款，我发现我穿上也挺好看，我还给这些衣服起名叫"快来撕烂我"，"男神看这里"，所以，我为什么不能再自信一点？

第一次尝试去上尊巴，里面其貌不扬的女孩跳得都比我好。我照例往最后一排站，跳完大汗淋漓。老师很好，表情、姿势等等各种到位。虽然我还不熟悉动作，但那天我爱上了尊巴。

我对尊巴的理解是：怎么会有一种这样的舞蹈，让你如此正大光明地爱着自己？抚摸自己，扭胯提臀，跳到尽兴时，每一个动作每一个眼神都是语言，都会说话，万种风情。不能说在场的每个姑娘都是自信的，但我能确定的是，当你的动作熟悉以后，至少在那个课上，你遇到一个未曾开发的自己，一颗少女心，一片自留地。到今天我练尊巴也依旧手忙脚乱，偶尔岔气。但是我发现，这个课的套路不是一定跟着教练做，而是跟着你的身体做。手不一定非要和教练摆到一样的地方，在那场域里，你首先被允许是你，放得开的你，敢做自己的你，绽放的你，爱谁谁的你。

看见跳得比我好的人，听着跟不上的舞曲，我依旧会自卑，依旧会有过去大妈的影子在身上。只是宝大妈的影响越来越少了。让那个大妈走开好不好?

2. 原来活出我自己，是这个样子。

以前我以为我只能做假玻璃，现在我发现我可以尝试做块冰，再往后没准柔软得可以做水。我的身体，还有内心，都在融化，都在柔软，在路上。我是巨蟹座，用一个坚硬的壳守护脆弱的心，从现在起，我决定表里如一，如是展现我的坚强与脆弱，我允许我是大宝子自己，我不要做更好的自己，我要更好地做自己。

当你不够自信的时候，才需要不断让人喜欢，不断自我证明，当你不够自信的时候才需要刷存在感，不断刷。当你不够自信的时候，你才觉得自己可能一辈子就是这样了吧。但是真的遇到任何困境，别人基本上都帮不到你。自我救赎，多数只能靠自己，靠自己去悟，靠自己去拼，这样的救赎才能真正牢靠和有效。

只有向内求，唯有向内求，才能获得人生真正的圆满。

之前，别人说我，我会心虚，现在别人来说我，我会告诉他，你首先活成我这样，做出我做出的这些，再来教育我。之前我特别容易被别人的意识覆盖，觉得谁都比我强，但是现在我知道，即使我一时半会儿不如你，不代表一辈子不如你，我只要活着，就早晚会让你知道应该怎样对我。

我走身心成长这条路这么多年，遇到很多人说自己能所谓预测未来，不好的老师真的会给你不好的暗示：你未来完蛋了，你哪里哪里不顺利，你和谁谁八字不合等等。内心不够强大的人，就会好像被暗示一样，在潜意识里留下一颗种子，每天浇水灌溉，生根发芽，他们会自我提醒：我不会幸福，我得不到爱，我会被伤害，我婚姻会波折，我在多大的时候会遇到什么问题等等。这样的"老师"应该被臭揍一顿。我们活着，就是应该给别人希望的！

真正的命运是什么

真正的命运是注定

是无数个平行时空里

无数个已经存在的结果的注定

那些未来都存在

但是你的自由意识，决定你

通向哪一个未来

注定你此刻每一个起心动念

对应的未来的路

未来注定有好的有坏的

有自我放弃的

有自我救赎的

有自我觉醒的

注定的是结果

但你的自由意识

决定了你这辈子剧本如何去演

你可以从此刻决定，没有那些鬼话

减肥、运动、读书、提升、内心强大

没有叽叽歪歪和中年妇女的油腻样

这才应该是我们的注定

你理应过上更好的生活

在未来无数个平行空间里

选择和你水平相当的路

义无反顾走下去

我得过癌症，我脑门有皱纹，我的颈椎需要牵引治疗，我脾气不好经常被人说情绪化，我被我的同行攻击，我曾被我认真对待的那个最真心的姑娘撕得痛彻心扉。

那又怎么样？每个人无时无刻不在成长，三岁的时候那个成长，我们无能为力。但三十岁的成长，主动权把握在自己手里。

是的，我没有长大，但我永远没有停止成长。

四、超越

1. 国际认证教练

在朋友圈晒完那个视频过后半年，我报名参加了尊巴国际认证教练的培训，完成了 B1、B2 的培训，成为国际认证尊巴教练。

从小我就是一个"傻大个"。这个身高，给了我很多困扰。一直以来协调性不好，还没跳就觉得自己不行，我从来没想过自己会跳舞，还会拿到教练证。那次培训完，我们还有幸参加了尊巴国际在中国的唯一一次录制活动，从小被说手脚不协调的大宝子，和来自五湖四海的中国尊巴教练们一同上了镜。

有了教练证后，我开始兼职在健身房带课，一边自己赚零花钱，一边跟老教练切磋学习。就这样，我从健身房站最后一排的业余小白，变成了站在舞台上的教练。学尊巴这大半年，我接触了全北京十几个教练。好的教练被我满北京跑着追。

　　这一年我每次上完尊巴课都会问自己，我行吗？跟不上的时候好尴尬，回去偷偷模仿。那些跟我学跳舞又嫌难的会员，他们不知道我用了多少时间才变成了今天的自己。这世界不缺"下午茶美女"和"高大上六六六"，缺的是专注过程、尊重时间。

　　半年半年地，我看见自己以奔跑的方式飞速成长、进步，无论是内在还是外在。过去我是一个体制内小职员，因为年纪轻轻得过癌症开始自暴自弃，过着一眼看到头的乏味生活，不知道出口在哪里。现在的我，是一个利索能干，颠覆自己人生和颠覆无数人人生的实干家。

　　别人爱行不行，我先行了再说。到死的时候一闭眼，这辈子没瘦过，没好看过，连跳舞都跟不上，那我不是白活了吗？！

　　这就是大宝子我，豁出去一样把每一天都像最后一天活，一年时间，我成为国际认证教练。我想要的，老天都给我了，因为我真敢要啊！

后来我们在北京会定期举办一些线下的女性魅力尊巴课，要说赚钱也就是个油钱，但是真的能带着那些过去和我们一样零基础的会员开始自信地跳舞，欣赏和接纳自己的身体，我小时候就一直想做到的事，现在做到了，我真的可以用我的生命去影响更多生命。

那年秋天我旅居大理的朋友家，没事在街上溜达，看见一家健身房眼前一亮，进去正好碰见了老板，就聊了几句，我跟他说我是尊巴教练，他说正好缺教练，要不要兼职带几天？

第二天，苍山洱海旁，穿越千万里从北京来到大理的我，带着当地的会员嗨了一节尊巴。最铁的饭碗不是体制给的饭碗，而是技能长在身上，你走到哪，都能有饭吃，你走到哪，都能干自己想干的。

有的人说，宝子你能活成今天这样是因为你有钱，有资本折腾。那我告诉你，第一次去健身房办卡的时候我也舍不得，带孩子们出门也挑便宜的航班，国企那点工资也并不够支持我这些爱好。但我不想这辈子就一眼望到头地活着，喜欢什么，我就义无反顾地去做，然后做得越来越好，理所应当地把这个事做成了事业。所以从带人减肥到后来 get 所有的新技能，我都是靠自己赚的钱，并没有强大的"家业"支持我活成这样。

当然，我对生活品质的要求也不很高，出门能住五星也能住民宿，能吃豪华餐也能吃路边摊。后面我也会给大家讲，虽然要努力工作努力赚钱，但是好生活真的不需要好多钱，只要活得开心和简单，并不是每件事都跟钱有关系。

减肥、跳尊巴、去健身房，甚至跳广场舞，目的都不是能把动作做得多标准。不要把困难想得太大。我们的目的是在琐碎的生活里给自己的情绪找一个出口，我们的目的是经由运动爱上身体爱上生活，我们的目的是打开生命的局限性，体验更多人生的不可能，发现生活如此美好。

再笨再不协调，你用一小时学会一支舞，进而树立自信，你会发现原来快四十的女人也可以活得精致性感。这些我们默默坚持的事情，到最后都丝毫不差地回馈给我们好的结果。

所以你真的想干什么，不用等到哪天、什么时候，此刻做，当下做，信任自己吧。生活的意义是体验，快乐，活在当下。每个人都配得这世界所有的好。

2．更多坦荡

（1）更多新技能

除了健身减肥、自我修行以外，大家都知道我还是一个咖啡控，高中起开始喝咖啡，从长胖的雀巢速溶到现在的手冲咖啡。

其实我当初研究咖啡的出发点特别简单，因为我站在琳琅满目的咖啡产品菜单前不知道该怎么选，而我的自尊心又强，就想让自己不露怯，一狠心就考了SCAA初级咖啡师和中级咖啡师，然后成为一个拉花拉得不咋地的"专业咖啡师"。

我学做咖啡的过程，也比别人要曲折。初级还比较简单，到了中级考试，我发现同学们都是全国各地的咖啡师。打小我就笨，别人学半天就明白的事，我得用一个月。要命的是我还很毛躁。比如我很容易把口红画在牙齿上，很容易把衣服穿反，很容易顾前不顾后……写毛笔字也是这样，每次男神都撇是撇捺是捺写完了，我一个横还写不好。

聪明这个词从来都不是给我准备的。

从前我做不好就放弃。这些年我重建自信，打击自己，再重建自信，让自己站在最高点往下跳。一点点看着自己的心不再那么容易波动，一点点完善自我，提高能力，变得更好。我好不容易活成了自信美丽的大宝子，可来到咖啡师课堂，我那自信和屁大的美丽消失不见，和这些门店每天做几十杯的咖啡师相比，我太水了……同学们六分钟端上来四杯咖啡，我六分钟浑身大汗一脸尴尬。考试前还笨出新高度，打奶泡的时候不仅烫着自己还差点喷着别人。他们说我是"网红"，不要对自己要求太高……可"网红"本事再大，到了中级咖啡师课堂，依旧一无是处，比不上咖啡店里随便一个小哥。有那么一瞬间我跟自己说，咖啡拉花这个深坑你就不该进，换成我男神，花这么多时间和精力早练成了！那年，我计划拿四个证：半程马拉松完赛证书、艺术硕士毕业证、SCAA 中级咖啡师认证、美国运动医学会私教认证。其中，中级咖啡师我认为是胜券在握的，现在看来我高估自己了。考试前的早晨，我六点多就起来了。学做咖啡师，我生生把自己累瘦了五斤，然而此刻我甚至想装傻充愣地把考试睡过了，我想，要不今天带孩子玩去吧，要不中年妇女大宝子你哪凉快哪待着吧。

但，或许我永远也学不会知难而退，我还是去考试了。男神跟我说：布粉你就好好布粉，打奶沫就一心一意打奶，拉花就拉花，稳稳的，别想那么多。

那天是我那一年过得最艰难的一天。但纵使要面对那考不过的结果，我还是决定试试。

2017 年夏，烫了一手泡的大宝子，不会用二十万机器的大宝子，二皮脸地追着同学请教的大宝子，打了几十杯奶还在不耻下问的大宝子，拿到了中级咖啡师认证。

别人都在你看不见的地方默默努力，表面上装得毫不在意、懒散拖沓。

然而，只有你信了。

此后的无数个周末，上课路上碰见邻居问我："大周末的还上班啊！"我说："我去上课嘞。"

这些年卖小玩意、做减肥课，几十几十块赚的钱，基本都用来投资自己上课了。健美、英语、咖啡师、跳舞、心理学、中医、艺术等等。这么说有点假，但是长久保持竞争力的方式真的不是吹牛讲排场，是肚里有真货。因为还年轻，我每天都觉得我的人生才刚开始。

得过癌症以后的日子，我不会矫情地让家人、社会为我负责，我为我自己负责。如果我"值钱"，就能活得好一点。我不"值钱"，就活得惨一点。

想活成什么样，自己掂量。

我所有参加的活动都是以"外行"身份进入的。我是咖啡师里最不会拉花的，马拉松比赛里跑得最慢的，越野训练营里装备最差的，书法群里写得最烂的，英语俱乐部里没张嘴就哆嗦的，健身培训里唯一没学过解剖的，健身房一不留神就扭成"四肢发达的鸵鸟"的。

而只有我，在 2017 年上半年，完成了以下事情：英语俱乐部五次演讲，逆袭拿到头马中区中文演讲比赛第二，人生第一次跑马拉松，跨界走了一场模特秀，获得研究生学位，带全家参加崇礼越野赛，继初级咖啡师认证后拿到了意想不到的中级认证。我还写完了人生中第二遍五千字小楷《道德经》，完成了瑞典海培妈咪产前产后认证学习，那次考试，我考了全班第一，业余的我是跟所有的全职教练们一起考的，他们的老板特意找我说："大宝子，你可真行！"

（2）辞职国企

也是那年，我按照自己的计划辞职，离开了工作十年的国企。

最初的生活并没有如想象的那般舒爽，有关档案、社保等等问题，要自己一个个去解决。我之前的工作属于能源行业的培训部门，虽然重复单调没什么发挥的空间，但蛮受人尊重，每个月也有固定的工资和不错的待遇。我并不讨厌我的工作和同事领导，甚至我还很爱我的工作。只是我可能必须要在所有的欲望下做个取舍，并且坚信，我值得拥有更好的。真的鼓起勇气离职的时候，我是非常没有安全感的。

和一直在江湖，风里来浪里去的"侠"们不同。我，一个两个男孩的妈妈，一个国企工作十年，环境经历安稳舒适的三十岁女人，一个得过癌症，或许身体将来出现任何问题，本还能指望养老金和工会支撑生活的中年妇女，是否还能有勇气追求我的人生理想和所谓的自由呢？

我的头脑会偶尔欺骗我，告诉我离开体制好没有安全感，也会偶尔编故事，当我开心的时候，告诉我开心是短暂的，当我花钱的时候，告诉我花钱是浪费的。好怕自己养不活自己，好害怕过得没有以前好，好害怕自己的创业不成功被人笑话。但归根结底，很多很多头脑臆想的假设，都是建立在"别人怎么看"的标签和对于未来的完全假设上。

社会经验不足，管理经验不足，往后的日子，真的要做个"侠"了，大宝子你准备好了吗？在踌躇满志和没有安全感的一个月以后，我开始找到了离职生活应该有的样子。

一开始，我努力工作，让自己比上班的时候忙很多倍，强行让自己蹦跶蹦跶，后来，我找回了原来那个大宝子，渐渐脱离大众眼中的"成功"的标签，不再是"多金的""有能力的""有魄力"等等，我只给自己定了一个标签:"不枉此生"! 那天打车，一个北京本地的师傅听说了我过去的行业，特别真心实意地给我骂了一顿。"这么好的工作不干竟然辞职了你!""真不知道你们这帮小年轻的怎么想的。"……我坐在后面特别无语地笑。然后我到了姥姥家，姥姥一脸哀愁地看着我说:"宝子咱们可别干犯法的事啊……"

　　昨天有个移民国外的姑娘跟我聊:"宝子，我们都还这么年轻，你不可能永远在家，所以不管这段日子有多长，好好珍惜吧! 想做什么，就去尽情做!"

　　离职后的三个月，是我人生最充实、最任性的三个月。头些年一直想学些课程，不好意思请假，现在一个月密集地学完，拿了三四个证书，也算是对自己有一个交代吧。我很想告诉自己，也告诉想要离开体制，想要自己独自闯荡江湖的你:这些年，大家看着我从"健身小白"到能带会员减肥，从开始在国企不受重视到走的时候领导看重我做公众号的能力，想让我一直留下来。这些年，体制没有改变，社会环境也没有改变，改变的是我，是我对待问题的心态。

五年前，我很想离开我的工作，大领导对我还算不错，他真心实意地跟我指着一个主任说："如果是她想要离职，我得考虑考虑是不是给她的待遇不好，是不是该提拔她了，如果是你，"他意味深长地看着我说，"想走，就可以走的！"

那时候我觉得我被不公平地对待了，我觉得我干了这世界上最多的工作，我觉得属于我的优秀都没有给我，我觉得这个破单位一个月万八千的钱不要也罢了。我越发地极端，越发地讨厌别人，从来没有想过要在自己身上做功课。

"被提拔因为嘴巴会说，工资高因为赶上好时候了，我呢，不过是虎落平阳而已，等着我有一天辞职不干，狠狠瞪你们一眼。"可是到了我辞职这天，当我有了足够的能力养活自己，当我有了足够的格局，原先大领导跟我说过的话，我发现我竟然原封不动地，跟给我工作的人说了。我辞职的这天，没有敲锣打鼓，甚至别的科室的同事问我"你去干什么啦？"我也只是回答"我回家陪孩子了"。没有多说一句，只是默默给我原来办公室的同事设置了朋友圈权限。

我发现我真的不需要再跟这个世界证明：宝子，你有能力，你很棒了，你逃脱体制了不起了。过了一个月再回办公室的时候，跟同事聊天，她跟我说："看到你现在的生活，我觉得你其实早就该走了，这才是属于你的人生。"

我不觉得我走得晚，也扪心自问是否会后悔，我只知道，一切都刚刚好，对的时候，对的选择，对自己负责地规划，规划属于我自己的人生。

只是，那个大宝子成熟了。我终于不再鄙视体制，不再鄙视国企，我只从心里认可自己的选择和尊重别人的选择。未来的生活，我做过很多假设，但是都一一否定。或许失败，或许成功，但是无论失败与成功，只要不枉此生。

你说人生的定义是什么，人生的意义其实就是收集体验和感受，经历以后，事里成长。所以我们每个人都会在人生中体验很多从未体验过的感受。

比如第一次和深爱的人诀别，比如第一次掏心掏肺然后被伤害，各种喜怒哀乐。而让自己更好地离开"负面体验"的唯一办法，就是提升自己的能力，改变看待人事物的方式方法。

当你不再去抱怨环境，抱怨领导，抱怨同事，抱怨机遇，你会散发出一种感恩的能量，这种能量，会让你得到更多美好。但当你持续抱怨，这个世界会有更多东西来到你的生活里，驱使你体验"一定要抱怨"的生活。唯有打开限制性思维和观念，才不会反复体验你不愿意体验的生活。

更多的人生意义，不是寻求外在认可，不是假装幸福或者和谐，不是让别人觉得你很牛很无敌，因为一旦你按照别人的想法定义自己的人生，无论你怎么寻找，找到的也永远是别人的。

此刻，我真心表达我对工作十年的国企满满的爱，从第一天上班，到最后一天离开，每一个开心，每一个尴尬，每一个为难，每一次落泪，都是真心。

如果你碰巧也在体制内，在国企，在事业单位，在做公务员，请接受我的祝福和佩服，这世界上没有一种对或者错的选择，能守住自己的岗位，能守住自己的平凡，能守住日复一日的重复，你们都走在了我的前面。

我也要对自己说，未来的日子，未必比在国企的日子有趣，我只愿你无论何时，都可以全然信任这来自生活的一切给予。苦，自己承担，乐，学会分享。勇敢选择人生道路，拥有独立与自由的价值观，不依附任何人事物，才是个体生命中最重要的价值。

所谓成功，只是一个结果，它也许水到渠成，也许永无来日，但对生活的热爱永不间断。

来，笑一个，生欢喜心。

生命后半程，步履不停，生生不息。

3. 剃头

2018年春天，因为工作原因我认识了一个影视公司，他们要给我拍一个关于我生命成长故事的纪录片，那个片到最后因为种种原因没有播，但是我认识了帮我拍纪录片的导演。

时间过去没多久，一天清晨我在外地出差，六点多突然收到一条微信，来自那位导演的领导，大意是跟我说导演得了白血病，问我有没有时间去看看她。我大吃一惊，连忙翻开导演的朋友圈，没看到什么异样，还是给她留了言。

过了几个小时她跟我联系上了，在此之前，我本以为她已经不能玩手机。我在高铁上和她聊天，说准备去看她，她说因为忙着看病，已经好多天没洗头了，不想见人。

我知道白血病人到最后都要剃头的，于是跟她说，你放心，等我去看你的时候，会给你带一个"不洗头神器"！她开心地问我："是帽子吗？"我说："到时候你就知道了，我特别有经验。"

乘高铁到了北京，我就在家门口把头剃了，剃完给她发了一张照片。"你看，我美不美？"

我的新发型简直有点不男不女，出门的时候，无论男的女的都离我远远的，但是对我来说外形真的不是那么重要。喜欢我支持我的朋友不会因为我剃头就嫌弃我，不喜欢我的也不会因为剃头喜欢我，而剃头，带给那些觉得自己头发要掉光的朋友的精神支持，远比我自己"很美"要重要得多。

那天我发了一个朋友圈给大家讲述剃头的原因，也帮助这位导演在圈里众筹到了一些治病的钱，原文是这样的："早晨我跟JJ说要去医院看她。她说不要，好久没洗头。我跟她说我下午给她带一个不洗头神器，以后可以放化疗用。她说好。下午跟男神打了招呼，我把头剃了。如果痛苦不能唤醒你，就用疾病唤醒你，如果疾病不能唤醒你，大宝子用剃头唤醒你。请好好爱自己的身体，未来的日子，JJ你有我，你的身体一定会好起来的。从未有过的轻松。剪掉一些执着，轻装前行。我要为这世界做点什么，愿我给你勇气和力量伴你前行。"

4. 从健身小姐到《健与美》杂志

"请保持十足的耐心，因为直到那个时刻到来，你才会明白，那些不着头绪的，被逼入窘境的，差点要放弃的瞬间，都是为了铺垫终将要到来的美好。"

不男不女的发型导致我整个夏天没有遇到一个搭讪的。

除了学习尊巴视频，我有天看见一个女孩参加健身比基尼小姐比赛的照片，那身衣服，那个身材，真的让我又一次，好生羡慕。

第一次看健身形体比赛是很多年以前了，比赛中，国际冠军牟丛把浑身上下抹得黑黑的，当时我特别不解。和我以前接触过的所有比赛都不一样，在健身形体比赛中参赛者在台上要一直动，一直动，一直动，前前后后地转身展示身上的肌肉……我心说，扭啥嘞？有人发指令你要动，没人发令也要动；有人看你要动，没人看你也要动……（自己跟自己嗨）

而且跟传统模特相比，这个比赛要求参赛选手在绷紧状态下展示出柔美的姿态。也就是说，参赛者要一边刚强地显示出肌肉线条，一边表现动作的优雅和柔美。刚参加比赛的选手容易僵在台上，或者一绷紧肌肉就面部紧张，所以如果能搭配笑容那就再好不过了。

很多参赛选手会因为紧绷身体累出一身汗来。有的身上一出汗，油就跟着花了。

虽然困难重重，但我还是想试试，这个也太好玩了吧！

于是备赛第二个月（第一个月没好意思嘚瑟），我毫无保留地宣布我的欲望：年底之前要参加一次健美比赛，无论什么级别。

在这个谦虚低调盛行的集体意识里，你看到什么人练得好夸她的时候，会得到惯性回复"不行，不行，我还不行"。纵使她练得胳膊赶上我的腿了，还说"不行"。

从小到大身边净是这样的，作业是随便写的，考试没考好还上了重点，什么什么都是我毫不费力。我看电视，我根本没复习，我命就这么好。

我就不这样，命运给我发这副牌不咋好，所以我努力啊，高调努力，努力到我就是理直气壮，到行那天为止呗。

备赛确实太辛苦。有一天健身房课间，一个妹子皱着眉头说："健美比赛，受这个罪干吗！一般人谁受得了！"我撩了她一眼说："因为受了一般人受不了的，所以我比一般人活得自由。"既然你们的人生都选择拥有"不可能"，我就勉为其难，把所有的"可能"都收了吧。

我赛前找老师，控制饮食，还练了好久动作，可惜备赛时间太短，确实训练痕迹差点意思，后背基本没练出来。通过这次备赛，我进一步了解了这个我从没想玩过的圈子。看到了很多意志力超强的优秀运动员，她们的肌肉美感真不是你说想有就能有的。所以别担心，就咱那个熊样练不出大块肌肉来的。

备赛大概用了三个月，抱着重在参与的精神，我断了一切人间美食，包括我挚爱的酒。参加比赛之前，我做了一个体测，腰臀比降到了历史最低 0.84。我是一个腰臀比没下过 0.9 的"无腰女"，三个月的努力让我看到惊喜，内心有点感动。比赛那天不巧的是来大姨妈肿了起来，身体状态都不是很好。比赛这个事，讲究天时地利人和。对着镜子一捏还是一把的肉，好不容易练出点肌肉，一肿就看不见了，心里有点委屈，还哭了一鼻子。

三个月前决定参加一次健身比基尼小姐大赛，头一次觉得自己自不量力，头一次被很多人泼冷水。得感谢老师陪我练，给我纠正了好多次，不断跟我说我行，我可以试试。

我们活着其实还是要多给别人希望和勇气。无论要不要肿着去上台丢人，总之这一件件事，真的尽了全力。无数次忍住不吃，无数次拒绝喝酒，无数次在健身房咬着牙蹲起，无数次因为吃得太凉胃疼，连着几个月排卵期练完出血，也算我的2018 了无遗憾了。

每一件事，无论大事小事，都要认真去做。因上努力，果上随缘。

泪目，为梦想。

后来，因为参加比赛，我接受了《健与美》杂志的专访，我从患癌到蜕变的故事，被更多深陷困顿的姑娘们知道。我在这里，我这样活着，对他们来说，就已经是疗愈了。

现在，我越来越知道自己想要什么，想做什么了。

我刚开始创业的时候比较弱，别人随随便便给我的建议，我都认真听取然后改善，慢慢地，我发现我在做的不是我想做的事，是别人想让我做的事。

现在我对自己做的事非常明确，速度可以慢一点，钱可以少一点，别人可以误解一点，都可以。但我不会为别人买不买单，改变我要做的计划。

很早以前有人跟我说"你朋友圈发的东西太多了"，那时候我会因为这些评判克制自己想分享的欲望，而这么些年过去，我走到今天，不是因为高冷，正是源于分享。他们还会说"你发这么多，一看就不是个能干成事的人"，以前我会去想想这些。最近我不会管这些。因为那些评判我的人，他们本身没我的经历，没有活得明白，也没我勇敢。他们很多人把"别人怎么看"当做黄金法则，而我只把我自己内在的快乐当作一切的基础。

如果没有一个创业成功的女作者朋友圈像我这样，那让我来做第一个，就像第一个女飞行员一样。永远不重复别人的人生，我有我自己独一无二的人生。

没有一个人真的懂你，只有站在部分一致角度的理解。理解不理解也都是个屁，放了就好了。所以我并不依附和看任何人脸色，活得很自如。

正因为坚持做自己很难，这么些年我从来不会轻易否定别人。有很多人说我减肥不成功，不能健美，不能练块，不能创业，不敢辞职，不能独立，但这些给我下魔咒的人并不清楚，自己随随便便一句话，对那些内心不够强大的人，就是命运了。所以我即使对待陌生人也告诉他们，你可以改变，你可以努力做到，你可以过上你想要的生活。

引用影片《当幸福来敲门》中，演员威廉姆斯跟儿子说："别人做不到的时候，他们会跟你说你也做不到。"（大宝子补充：甚至有个别人会说，你想都别想，他们不希望你做到）但真的能不能做到，命运的钥匙在你手里，开启懦弱的门还是勇敢的门，你的命你做主。

很多体制内工作的朋友很羡慕我的生活。但是他们和多数人一样，一边羡慕自由无拘无束的日子，一边担心离开铁饭碗以后的温饱。其实可以先找自己喜欢的事做，可以是做饭、摄影、育儿，等等，做你喜欢的想做的。我认识很多优秀的"斜杠青年"，一年可以体验别人十年的人生进度，这都是源于他们自己对自己的无"界限"。所以先去做，然后时间点到了，你能力匹配时，可以离开就自然离开了。如果哪一事都坚持不了，那就想想清楚，想明白再做也不晚。或许你的一个转变，就从 get 一个新技能开始。毕竟我们还年轻，还有很多时间，我们想做以前不敢做的事，我们要一件件实现它们。把梦想放在我们的背包、口袋里，时不时把它们拿出来，和它们聊聊：你们一个个，好好给我在这等着，我要好好把你们变成现实。

抱怨只会把自己的人生推向沉沦的深渊。从后背赘肉、副乳凸起，到有力的手臂、腰部曲线、臀腿线条，从衰颓变得越发精干。

这是我的人生，所以我选择为我的人生负责。因为勇敢，所以我有选择权。懈怠的人生没有选择权，你懒所以你活该。

那些没事矫情，这疼那疼，这不顺那有毛病的，转移你的注意力，干点对自己真正有效的正事。别人爱死死爱活活，看你顺不顺眼，都跟你没关系。

这些年我遇到那些因感情，因育儿，因工作，因身体，因压力太大无处可逃来找我的朋友，亦如当年的我。

举办沙龙，减脂营，开课程，做个案，现在写书，老吾老以及人之老，都是因为我曾经深刻地体会到，身心孤独和绝望是什么感受。

更好的爱不来自被别人肯定，源于自爱。自我接纳，自我超越，不要通过降低身份获得怜悯，更不是通过"更好"获得关注和求得被爱。你更好是你本来就很好，你值得被爱，而不是为了被爱而变得更好。

就这一辈子，我巴结谁啊？我这么贵这么值钱，我变好是为我自己，好吗！你的无所谓不在意，你对人事物的不执着，你对是非好坏结果的顺遂，其实是最大的人格魅力。这个男人爱我，不爱我，我都爱我自己；这些人爱不爱我，我都爱我自己。

能够改变人生的方式有很多，唯一不该选的就是深陷在伤害里。

让自己开心起来，让自己气场变强大，谁都没有资格践踏我，我就是我自己的女神。与其闲扯，不如想想今年你想干吗，怎么干，然后甩别人十万八千里，像我们这样，在别人又馋又懒又怕冷又忙的时候，又偷偷变好了一点。

我偶尔会遇到在健身房门口，手里拿着可乐，远远围观不敢靠近的女孩。特别想跟她们说：姑娘，远离你原来的圈子，远离那些原地不动的人群，放下可乐，穿上运动鞋。不用管别人午休做什么，讨论什么八卦，你和他们不是一样的人，所以利用别人八卦的时间去健身吧。你会发现人生就是这样悄悄改变的，你不需要让任何人陪伴你，理解你。

过去的几年来，我每月读两本以上的书，每周保持两次以上的健身，坚持做笔记，记录生活和周边宁静美好的一切，常怀感恩心。偶尔骂街，做自己。界限分明。遇到了很多有趣的人，完成了很多心愿，越发自然和崇尚淳朴，也笃定着按自己的意愿过一生。我之所以自由，是因为在该狠的时候，我都肯对自己下手。对别人下手，是懦夫。对自己下手，才是真的人生赢家。

我下一个目标是去菲律宾学潜水证，然后在海底做海洋义工，以及拍一组潜水照。

祝我成功！

五、坎坷前行

2014 年我减肥成功以后，开始带着我当时最好的"闺蜜"减肥，我自己有什么好东西，都想第一时间分享给身边最重要的朋友，在我毫无保留地分享和督促后，她减肥成功。

以友谊作基础，我们成立了一个线上减脂营，那时候这种模式很少，在很多朋友的帮助下，事业不到一年就做得很好，我说咱们一起注册一个公司吧！她说不用啊，她家现成就有一个，变更成我们的就行了，能省很多钱呢！于是我们开开心心地把那个公司变成了我们的名字，她占 60%，我占 40% 股权。我热火朝天地把自己的激情投入到这个事业里。

没半年，她老公插手我们的事业，把我从创始人列表删除，迫使我离开了那份我当时十分热爱的减肥事业。离开以后，我的"闺蜜"表面跟大家只字不提，暗地跟当时多位工作人员哭诉我欺负她，导致大家一边倒地来骂我。

那会儿我脾气也确实不好，而且做事欠妥当，好多事做得跟过家家一样，不会维护自己的权益。事情闹成这样肯定不是我们谁单方面的责任，但是好聚好散，我走了就走了，不要一直老骂我啊。所以当时我很委屈，但是又重感情，而且也不想跟"闺蜜"伤了面子，就一直没理会，继续做自己的事。后来对方骂我的截图一个、两个、三四个地从我们过去共同的会员那里飘来，有一段时间我都被骂怕了。

大家看我现在活得这么敢说敢做，其实过去的我不是这样的。过去的我太隐忍，太希望别人觉得我好，所以即使委屈也没有说话，心里还天真地指望着谁能帮我说话，主持公道。

一年以后，我很偶然地看到他们上融资节目的视频，视频里他们自己跟投资人说，我在公司那年，公司的收入三百多万。可是当时我走的时候，我的"闺蜜"跟我说公司穷得没钱，给我不到四万，还是因为跟我念着旧情，希望我不要为难她。真是人前一套，人后一套的戏精啊。

这是我第一次创业，我后来知道很多人在创业的时候都会遇到这样或者那样的事，后来我还知道做事业最好不要跟自己的朋友合作，那样恐怕连朋友都做不成。这些都是过来人的经验，而当时的我经历这样的事，可以说是天大的事了。从自我怀疑到怀疑人性，最让我难受的是，我失去了我曾经最好的朋友，而这个朋友恐怕没有一天曾把我当成过朋友。她把我总结的减肥知识说成是自己的，她从减肥开始，一天都没去过健身房找过教练，却把所有的一切据为己有，还在不停骂我……

不在沉默中爆发，就在沉默中死亡。

一年以后的秋天，我终于公开撕她了，与其说我是在撕她，不如说我是在撕破我自己。我最开始撕这件事的时候，预见到会有很多人来看热闹说风凉话，所以做好了最坏的心理准备，我不要再做"圣母"了，我要穿越我对友情的执着，对别人指指点点的恐惧。出乎意料的是，当时大家一边倒地支持着我，所有的一切大家都看在眼里，默默心疼不争气的我，而我苦哈哈地到处学习总结，总是轻而易举地被抄袭，还是我自己有问题啊！为什么有人会相信她呢？为什么我有理却不敢吱声呢？还不是因为我胆怯吗！而她的老公，还在给我发短信问候我："你是不是癌症复发了！"真的是，现实版的东郭先生和狼。

这一撕就撕了一个月，后来我突然发现他们在我不知情的情况下用了我的身份证复印件，把我的股东身份变更成他们两口子的了，我是有多傻，一年以后才知道。

我到法院起诉，一审二审胜诉，拿回了属于自己的力量。胜诉以后我给她打过一次电话，跟她说我离开的时候你欠了我多少钱应该还我，至于以后你做成什么样，跟我宝子没关系，我不惦记也不嫉妒。

她还在出名和赚钱的春秋大梦里，并没有把属于我的钱给我。人的差别，就是这么大。如果是我欠了谁的钱，估计得哭着喊着去还……

其实我明白，他们如果不想给我钱，即使我胜诉做了股东，也可能拿不到钱，所以不打算再继续维权。时间和精力有限，我要把自己想做的事继续做好。没承想半年以后的某个早晨，我接到东城区法院的电话，对方的婆婆起诉儿媳妇，说不知道最开始把公司改成我名字的事，往上诉了一个变更。这个变更就是我文章开头讲的，她要用家里的公司做我们的共同公司，其实，他们一早，就想让我出局了。

这也是我意料到的，所以拿了开庭通知，我跟法官说我不准备去法院开庭了，让他们婆婆自己告儿媳妇玩吧，就没再去。这个事对我来说，已经结束了，我已经拿回属于我的力量了。

有时候我会偶尔想起我们还是朋友的时候，都不是什么"网红"的时候，一起吃喝玩乐，互相打岔拆台，一起逛动物园买衣服，扯些有的没的，没多少零花钱，但是不用提防着谁，被谁算计。有时候我甚至希望我不是现在的我，她也不是现在的她，让一切回归成原来那样，停止互相伤害。

可是这是一个丛林法则的社会。如果不擦亮双眼，看清人心，你就会反复吃亏，吃到受够了为止。

我是我家三代人中，第一个自己辞职创业的，我知道我经历的都是该经历的，都是为了让我成长而必须经历的。后来我自己创业，还经历了一些类似的事。一件事发生一次，不是我自己的问题，如果反反复复发生，一定是我的问题，我太软弱太好欺负了。

我可以选择回国企工作，旱涝保收，不要想着通过自己的故事影响别人的人生，可以一直当老好人，把身边人人性的贪婪和恶都激发出来，谁让我逆来顺受还性格鲁莽，特别好利用，可我想，我如果不成长，就永远无法实现小时候的梦想，完成我的人生使命。

所以，我一定要勇敢。

勇敢说不，勇敢维权，勇敢地和过去说再见。

头也不回。

有时候受到伤害，自己往深了看自己的内在模式，但倒也不是说别人就没毛病。

比如诈骗的人，害得别人血本无归，这种人无论从道德还是法律层面，都该遭到谴责和惩罚。但那些被骗的人，为什么被骗？会不会是因为不想扎扎实实干事赚钱，老想赚大钱？真正承载生活的都是本分赚来的小钱，不要贪心。

比如"小三"，破坏别人家庭幸福，"渣男"，背弃妻儿乱搞，除了道德败坏底线太低，他们有自己的因果，而全世界那么多家庭，那些遇到"渣男"，被"小三"的，也是需要反思的。

如果什么都只赖别人，永远走不出受害者模式；如果什么都只攻击自己，早晚得病。反思自己为什么会吸引那样的人和事，是我这些年一直持续在做的事，并且越活越了解人性和因果的法则，越活越不恐惧。

我们都得为自己曾经的"傻缺"付出一些代价，交点学费，反正输得起。只是付出的同时，祈祷不要再次遇到。如果你反复遇到同样的事，一定是自己有问题。一把岁数了，活得稍微爽一点，就能对得起自己一点。而我们在活出自己的路上，可能会损失一些因爱而绑架的感情，一些假模假式的朋友，一部分只有降低自己才能获得的利益。但是如果你确定你想要拿回自己的力量，想活得更自由更自主，那人生里就没有什么是不能失去的。因为失去了那些，你才能拥有更好的。

那些过去伤害过我的人，我不会和你们相逢在更高处，我一定会比你们做得更好。我们走着瞧。

第二章　减肥之我见

看完这一章，你又瘦又好看的人生就不那么远了。

一、减肥目标在"坑爹"

介绍完我的故事，我知道很多还困在减肥这第一步的妹子们，想要听我详细给大家讲讲减肥，所以这一章，我分享行之有效的减肥锦囊，助大家减肥一臂之力。

减肥第一件事，就是定目标。

和我之前一样，很多人减肥都是常立志但很少立长志，为什么呢？因为不会设定减肥目标，比如我之前的目标就是"一年瘦二十斤"，有的妹子设定的目标是"不减二十斤不换头像"，但实际上她们的头像都没有更换成功，难道真的是她们的意志力薄弱吗？

不是的，是她们的目标设定错了。制定减肥计划，瘦回去胖回来，年复一年日复一日，想要瘦，控制一溜够，稍一松心就反弹，根本原因是什么？

在我看来，是目标设定得过于天真了。

我最开始减肥就是这样的。我的腿有遗传性关节炎病史，减肥那段时间，我忽略了自己身体的客观情况，别人干吗我也想干，别人怎么虐，我想要加倍虐。什么！你那么瘦都能拿三个片儿？那我得拿四个！我那时就想挨饿，就想赶紧成功，就想使劲，再使劲，把肥肉练下去，我恨死它们了。

就这样，我把自己练成了滑膜炎，前后养了两个月才好。那段时间我特别沮丧。后来，我发现很多姑娘都犯这个错误。有些女孩以前不跑步，一拍脑门要减肥，一跑就跑十公里，第二天私信我："宝子，我的膝盖好疼啊，怎么回事？"这时候我除了告诉她们要戴护膝，更多的是让她们懂得减肥要循序渐进，肉不是一天长的，别指着一天就能瘦下来。那你说健身房那些女孩的体力怎么那么好呢？你在朋友圈看到的一跑就是十公里的姑娘，人家已经有很好的训练底子了，你在健身房看到的能深蹲你两三倍重量的姑娘，人家已经健身三五年之久了。人家之前付出的汗水你没有看到，你看到的只是人家坚持锻炼的结果而已。永远只和自己比，不要和身边的人比。

民间有句话，说千万别惹那些能够长期保持好身材的妹子，她们什么都能干得出来。祝福你也能成为这样的妹子。

<u>减肥，其实是一个好的自我管理能力培养的过程。</u>自我管理能力，不是今天管明天不管，也不是今天管得特别严，明天就又特别松，培养自我管理能力，不能一蹴而就，更没有一劳永逸的方法。

很多人减肥失败，是因为他们把减肥和生活变好，想成是一天就能达成的事，我们的肥肉不是一天长的，也就不可能一天减下去。生活也不是变魔术，美好是积累出来的，错误的减肥计划，会让你事倍功半，而正确的减肥计划，则让你事半功倍，想选哪个你随意，如果想轻松容易的瘦，那就来学习，如何正确制定减肥目标。

1. 制定减肥目标

（1）可坚定实施的目标。

设定一个靠谱的年计划和月计划。明确告诉自己，这是我最后一次减肥，不是在开玩笑了。不要设定周计划，减肥期间体重容易波动，女性甚至月经期之前体重也会上下波动，达不成理想体重会带来挫败感。设定的目标要有期限，时间需要看得见，才能有紧迫感。

举例：我当初的年计划就是年底秀马甲线，月计划是第一个月 10 斤，第二、三个月各 5 斤。如果你的年度计划是 20 斤，那就分解到 3 月、6 月、9 月、12 月，比如，春天能穿去年那条裙子了，比如冬天去三亚可以秀比基尼了，不断激励自己。

（2）预防"大妹子你不了了之"大法系列

人性的弱点：为了预防不了了之，用人性"脸皮薄""要面子"这些弱点，你可以"二皮脸"地把自己的计划发到朋友圈，设定话题，每日打卡，不为别人，是为自己。我当初设定的话题是"宝子健身打卡"，这个话题已经陪伴我六年了。

自我激励：当然如果你实在不想让身边的同事朋友们都知道，就自己拿本子记上，"记录"这个具体的动作是为了积累成就感。

拉帮结派法：如果有好姐们儿和你一起减肥，那更是棒棒哒。你们可以开始减肥比赛，我当时冲一百二十斤的时候找了健身房姐们一起练和比赛，后来她管不住嘴，输给我一顿超奢下午茶。好胜心是个好东西，只要我们会用，它会把我们变得越来越好。

可以花钱大法：减肥过程，如果经济允许，还是要花钱，不花钱不重视。但无论是游泳卡还是健身卡，要想好了再买。比如买了一百次的游泳卡，那就设定每个月八次，十二个月用完它。一旦你学会了"分解动作"，那做这些事就都是"小菜一碟"了。你也不会因为偶然的一次没坚持而沮丧。

刺激大法：减肥过程中，把你心中具有理想身材的那个人作为桌面。常看看，激励自己。

适度怡情大法：减肥不要一味压制自己的欲望，适当的放开是为了更好的自律，如果不能好好吃东西，也算是失去人生一大乐趣吧。达成既定目标一定要奖励自己，所谓奖励，可以是个东西，也可以是一次旅行，还可以是一顿自己渴望已久的美食。比如第一个月减肥十斤，那就去吃一顿惦记了好久的好吃的。有时候人性就是这样，你越惦记越想，如果吃了一顿，其实想想也就不过如此。在减肥这件事上，你要做到像个军人一样时刻高度自律，又要在适度的范围内调整自己需求，多吃多练，任何事都要以尊重身体感受为前提。

落地大法：我最开始减肥的时候，教练每次让我热身十分钟左右，我就把从家到健身房的路当做我的热身，这样在健身房就能少待一会儿，早点回家看孩子。那时候不是天天都有私教课，没有教练催促的日子就觉得没动力，我解决偷懒的方法就是硬逼着自己每天上班的路上提前两站地下车，这样用大概半小时的时间走到办公室。还有，我以前上班的时候，常常懒得下楼去拿快递，尤其是冬天。我开始减肥以后，明白了瘦身的原则就是<u>"热量摄入量小于消耗量"</u>，那时候我就琢磨怎么能够增加我日常的消耗。原来为自己拿快递觉得累，后来帮同事拿快递都乐此不疲，觉得消耗了不少。原来怕上厕所，上班时尽量少喝水，后来打水抢着去，每溜达一趟上上下下，心里都特别满足。原来坐公交车人多拥挤，我就跟自己说得忍着，后来见人多，我就下车，走到办公室时间刚刚好！原来我如果跑一趟没办成事就觉得倒霉，后来跑第三趟都挺高兴。……我曾把这些方法教给会员们，那时候我的会员很多都是产后妈妈，有很多还是二宝妈妈。她们跟我当初一样，没时间，很迷茫，经常会犹豫地问："宝子，你说我能减肥吗，我花了好多钱了，可是从来没成功过。"她们还经常把大肚子拍下来，把照片发给我看……那种似曾相识的感受，只有胖过的人才真的懂。我们都曾经以为减肥是要通过大把时间、特意去健身房才能做的事，都以为减肥要挨饿，要吃得很可怜，都以为我们做了妈妈，就要割舍很多人生精彩的部分，都以为我们的身材甚至我们的人生就这样了……

不瞒大家说，我当时看电影后，回家还偷偷上网查过那些明星的资料，李冰冰，哪年的？范冰冰哪年的？都比我大！我那时想："她们就是有钱有闲，不然怎么能这么瘦！她们就是没生过孩子，不然肚皮也得松！一定是 ps 的。……"后来我看见好多产后身材保持得依旧很好的妈妈。"嗯，消化不好，吸收不好，她们天生不爱吃饭，她们……"（腹黑如我）现在想想那时候的我多么好笑。当我也把控制身材变成了人生中一件轻而易举的事，我希望通过我的经验帮更多人更好地运用时间，掌握方法，懂得运动原理，进而能够减肥，并且更好地控制身材。我在各种论坛上也认识了很多女孩，她们不去健身房，吃得健康，作息规律，保持身材对她们来说不是什么难事。所以坦诚地说，去不去健身房真的不重要，重要的是我们是不是可以找到适合自己的吃和运动的方法。把减肥这个事想得简单一点。

"善巧方便"，这个词并不怎么高大上，然而减肥这个事，真的需要找一个适合自己善巧方便的办法，我们可以叫"落地"。我们觉得自己好像是在减肥，其实我们是在通过减肥，学会和自己相处的方法。这个方法是平衡自己和生活，平衡自己和事业。

减肥不是为难自己，为难家人，跟自己过不去，而是为了让自己经由减肥这一件小事，变得更好。减肥，只是我们美好生活开始的第一步。所以我在大家减肥后期做过回访，我发现不反弹的会员，都是通过更好的自我管理实现了更好的身材管理，而反弹的会员，是还没有找到适合自己的方法，去更好地执行和操作。不要紧，慢慢去找去发现，你总会找到。

二、三分练和七分吃

设定完靠谱的计划，那用什么方法能帮助大家尽快落实目标呢？减肥是不是也要一定程度的节食呢？吃和练，到底哪一个部分是减肥的重要部分？带着这些问题，我继续给大家解密减肥这点事，根本，不算事！

1. 制造热量缺口
有关减肥的法则和方法，随便一搜就很多，许多人上来就问我："大宝子我不想去健身，我不喜欢运动，有没有不运动的减肥方法？"

当然有了！那我们就来说说，减脂期，到底哪个部分是最重要的。

减肥的重要性是七分吃和三分练，吃对了就能决定性地影响减肥效果，而吃对了是什么意思？是要吃涮菜叶子吗，要一直节食和自虐吗？是要花很多钱买鸡肋的减肥产品吗？

当然不需要。我这么懒的人，当然不会选择一种虐待自己的减肥方法，减肥，其实很简单很容易，零成本。给个眼神自己体会。

首先，我们来讲讲，减肥中特别重要的一条规则就是减脂期黄金法则：摄入热量小于消耗热量！在减脂期制造热量缺口是减肥的关键。也就是说，这个人吃的没有能够消耗的多，那他就是在减肥！

举个例子，如果我少吃高热量的东西，同时多溜达溜达，活动活动，从热量差上看，这就已经是在减肥了，一天两天三四天，坚持一两个月，你就会瘦下来。如果你能保持好的生活习惯，哪怕热量是收支平衡的，也能长期保持好身材。

这就是很多人为什么觉得节食有用，但节食后一吃就反弹，因为热量缺口一旦没有了，节食受的罪就白受了。而且谁能坚持不吃饭好几个月啊，所以这个方法又受罪又不靠谱，喝凉水都反弹。

更好的减肥方法，不是不吃，而是更好地吃。

首先，减肥期间虽然不节食，但还是要控制一下油盐的摄入。这已经是最低标准了，不用饿肚子。高热量食物尽量少吃，油炸、高糖、碳酸饮料奶茶这类，在这段时间尽量不吃。等减肥成功，我们会更合理地摄入各种营养。

其次，减脂期间少食多餐，细嚼慢咽，每餐八分饱。暴饮暴食是囤积脂肪最快的方法！什么是暴饮暴食，胡吃海塞？有个我以前犯过的错，在这跟大家说说。很多人白天工作很辛苦，晚上下班，约上好朋友去吃顿大餐，心说一天没好好吃了，我晚上多吃点也不会长胖，结果你不知道，体重一下回到解放前。为什么？因为如果白天维持平稳的血糖，到晚上胡吃海塞以后，血糖迅速升高，这会比白天正经吃三顿饭还长肉。所以，少食多餐是法宝。

第三，加餐也很重要。你说我没时间总吃啊。但减脂期加餐很重要，大家身边常备的加餐食物可以是黄瓜、西红柿、苹果，这些食品热量低，可以放心吃，在我们还没有出现饥饿感的时候就进行补充，相当机智地降低暴饮暴食的概率，也降低了对巧克力大蛋糕的渴望。最后给"酒腻子"强调的是，减脂期别喝酒，"酒＝油"，热量很高，无论是白酒红酒还是药酒，统统不要。

我们减肥期间对待自己严格一些，就能尽快"刷脂"，努力增肌，快速看到"革命成果"，更好地树立信心。

2. 正餐加餐怎么吃

下面就讲讲减脂期的吃：

大原则：少油低盐。调料都要少放，调料热量不低，像咖喱以及各种酱汁，热量都很高。如果自己做的话，要少放调料，多吃自然的食材。像豆制品这类，我们建议就吃白豆腐，而深加工的豆皮、豆腐泡、腐竹，减脂期不建议吃。越接近自然的食材，越健康。

早餐：鸡蛋＋牛奶＋主食

早餐建议吃一份主食、一个鸡蛋（最好是煮鸡蛋，或者电饼铛做的无油煎蛋，做无油煎蛋比做煮鸡蛋快。全蛋一天保证一个，再吃就吃蛋清），加低脂或者脱脂牛奶200毫升，也可以喝无糖豆浆。早餐的主食可以吃两片全麦面包，如果是买现成的，建议不要选择带果仁果干的。还可以选择红薯、玉米、山药、馒头、杂粮粥，蒸土豆。带馅的像包子、饺子、馄饨，各种饼类、面条都不要吃。如果再能补充点蔬菜就更完美了。像黄瓜、西红柿，要吃常温的，注意保护肠胃。

正餐：米饭＋肉＋菜

蛋白质是肌肉合成的原料，也是提高代谢的重要营养素，一定要重视蛋白质，肉蛋奶可以提供给我们身体足够的蛋白质，我们建议的肉类有<u>鱼、虾、鸡肉、牛肉和瘦的羊肉</u>。晚上尽量少吃牛肉，不易消化。减脂期我一般不吃猪肉，因为猪肉中的脂肪含量偏高。晚餐也是一份主食，一份蔬菜加一份蛋白质肉类。

在减脂期吃肉时一定要去皮，注意动物的皮热量都很高，而且很多"减肥小白"都不懂这个，所以大家尽量少吃动物皮：鸡皮＋鸭皮＋鱼皮这类，红烧肉的肥肉，都是减脂期红灯选择，万万不可。去皮是个好习惯希望你能长期保持。

其实减肥真的有很多食材可以吃，但是烹饪方式尤其重要，清蒸、少油炒、水煮比红烧、过油强很多，热量会少很多，烧烤、油炸的做法是减脂期的大忌！

减肥期间吃鱼没问题，鱼肉中含有非常宝贵的高度不饱和脂肪酸可以帮助降低血脂，这是很多肉类都做不到的。鱼肉可以提供丰富的优质蛋白质，热量极低。不过鱼肉的烹饪方式也需要注意一下，减肥来说的话，清蒸是最好的，要尽量避免加入很多调味料的烹饪方式才能最有利于减肥。之前有个会员，半个月一斤分量都不掉，我们一起分析原因。她特别搓火地说："我天天吃鱼啊。"我说："吃什么鱼？"她说："今天水煮鱼，明天烤鱼，后天松鼠鳜鱼，这么吃都不瘦，真的好烦啊。"我听完笑得嘎嘎的，水煮鱼，油里捞出来吃，烤鱼，就是把鱼炸过放在锅里，再有松鼠鳜鱼，那不就是大炸鱼吗！她恍然大悟，从此以后有了"大炸鱼"的美称，现在我们每次线下活动，她都跟大家自我介绍："大家好，我叫大炸鱼，不过我现在已经减肥成功了！"

所以大家要注意，如果是吃鱼肉啊虾肉啊，清蒸鱼和大炸鱼有本质的区别，白煮虾和芝士焗大虾又是两种热量天壤之别的东西，可千万别犯了"大炸鱼"同志的错误。

再拓展讲讲外食，像三明治这种，就尽量选择全麦面包胚子不加酱，点菜的话可以点个清淡的蔬菜，比如蒜蓉西蓝花，外加一份肉类，比如清蒸鱼、白灼虾之类的，如果不点菜只吃简餐，米饭加一份简单的鸡肉鱼虾类，比如煎鸡饭不加鸡汁，喝个蛋花汤，Prefect！像鸡肉饭、牛肉饭也都是。如果吃火锅，请选清汤底，配料能不吃就不吃，如果非要吃，麻酱画大叉子！可以选海鲜汁或者油醋汁，各种涮蔬菜都吃点，可以吃瘦点的牛羊肉、虾，像丸子、内脏类、粉丝、魔芋丝这些不建议吃，土豆红薯可以作为主食。

饮料也要特别强调，这也是很多新手的误区。如果有无糖的豆浆是可以的，豆浆对我们的身体非常好，很接地气，我经常喝。冲调的豆浆不要喝，买就买现磨无糖的。也可以喝美式咖啡、红茶这些，不要喝酒、高糖饮料，也不要喝运动饮料，运动饮料是运动后喝的，跟减肥没关系，不运动不需要补充电解质，所以别喝那些，广告说得再好也跟你没啥关系。喝点健康的白开水，热热乎乎，实实在在的，女性少喝凉水冰水，肚子就能更好地瘦下来。

加　餐

上面讲了，为了保证不让某一餐特别饿，要在两餐之间做一些简单的加餐，推荐的时间是上午十点左右，下午三点左右。

我们常选的就是以下这其中的一种：苹果、柚子、黄瓜、西红柿、原味杏仁八粒（不带盐粒那种）。

吃饭顺序

最后把吃饭的顺序讲讲，减脂期大家尽可能按这个顺序吃饭。在等餐的时候多喝水，适当饮水是保持健康体重的关键。在控制饮食的过程中，如果限制饮水量，虽然可快速减去体重，但实际上效果并不好。有研究表明，减去的体重中，脂肪仅占13%，水分占84%。如果多饮水，在减重比例当中，脂肪将占25%，而水分下降到75%，实际减脂量反而增多。上菜以后首先吃菜，因为蔬菜是热量密度比较低的食物，又是高纤维的食物，然后吃肉蛋这类高蛋白食物，最后再吃主食。细嚼慢咽，慢慢吃能够让我们的大脑产生满足感。长久积累下来，细嚼慢咽可以让你减少进餐15%。胃慢慢就变小了，就不那么容易长胖了。

吃完饭，来杯美式咖啡（纯咖啡，无糖无热量），很多超模常常随餐喝一杯黑咖啡，是非常有利于减肥的。黑咖啡中含有的绿原酸是纯天然的抗氧化剂，另外咖啡中的咖啡因还能帮助人体加速脂肪代谢。饮用黑咖啡半个小时后进行体能训练，还能极大帮助人体提高训练耐力，从而提升人的基础代谢率，这就是为什么那么多健身博主都喜欢黑咖啡的原因。但是别喝咖啡饮料，别一听能喝咖啡就来个星冰乐，那个一杯热量也不少……女孩也可以喝一杯红茶，无糖的，或者一杯普洱，刮刮油，再或者一杯白水都可以。

看看，吃饭就是这么简单的事。掌握了这七分吃，你就能健康地找到热量缺口，变成易瘦体质。

3. 体重螺旋式下降

很多人在减肥初期都有一个误区，非常"执着"于体重的数值。我经常被提问："我能否减十斤？""我之前跟你减肥减了十斤，我今年准备再来十斤如何？"坦白地说，有人报名是好事，但是这样提问的，我回绝了好几个。

咱们讲过，衡量胖瘦的标准不是体重，既然看起来已经不胖，就没必要跟自己过不去。想要减十斤太容易，几天不吃饭就能瘦五六斤，这个是实在话。但是我想教大家的是科学地、系统地了解，我为什么胖，我如何瘦，我瘦了以后怎样更好地保持。

一公斤脂肪和一公斤肌肉所占空间相差很远。所以我一直建议大家不要只执着于数字。大宝子我体重124斤，身高176厘米，我曾经也觉得一百一十斤的我才好看。但是太过"骨感美",那是不健康的,我们要的是看起来美。

真的健康,是减掉体脂,增加肌肉,提高身体代谢率。真的健康,是原来喘现在不喘了,原来总累现在不累了,是原来体检不合格现在合格了。

真的好看,不是干瘦,是你健康洋溢出来的美,挡不住的好。我们都想要这样的好。

希望大家不仅止步于关注体重和数字。衣服能穿小码了,路上看你的人多了,那你才是真的成功了。

大家看我前面写自己减肥的时候,体重下降的方式是螺旋式的,不是一条直线,因为体重会受到很多因素干扰,比如月经期前一周,你怎么努力都可能还会胖两斤,还有就是体重在早晚不同时段也会有很大差别,所以减肥周期,怎么也得以"周"为单位。另外减肥期间的体重测量,争取是每周一次,或者你实在忍不住的话,每隔几天。在同一个时间同一个秤上看数字。千万别今天这试试明天那试试,早晨试试晚上试试,因为各个秤的不同,如果你努力了一个礼拜还不掉秤,会特别有挫败感的。量完可以自己拿个小本本给记录下来,也可以用手机记下来。我当时减肥,还特别有仪式感地买了个本,天天往上写我都吃了什么,体重多少,多年以后我无意中翻开了这个本，无限感慨。没有那时候傻瓜一样的坚持，就真的没有大宝子我今天。

所以如果你准备好了，就开始傻傻做下去吧，不要怀疑自己，不要怀疑方法，不要想着再买什么产品找什么人，你自己就可以做到减肥这件事。而且，相信我，从这件事以后，你会真的开始独立做更多事。

4. 衡量胖瘦的标准

有些女孩明明体重不高，看着却有点肥，这是为什么？究竟什么才是衡量胖瘦的标准呢？那下面就给大家讲一些加分题了，欢迎抢答。

（1）基础代谢率

咱们每天吃这么多饭，热量都去哪了呢？人每天消耗热量有三种途径：

第一，基础代谢率。

第二，体力活动消耗，如跑步、散步，动就比不动强。

第三，食物热效应，是摄取食物而引起的热量的额外消耗。

当然，孩子还比我们多一种，叫生长发育消耗。每天多吃一点满足机体发育，这就是我外婆小时候常说的"我们宝子，长身体呢"。

我们只说基础代谢率，这也是我减肥过程中听得最多，也是让我最"懵圈"的。基础代谢率，科学解释太长，我省点时间用通俗的话说就是：你躺着什么都不干，一天中身体能量代谢需要的最低热量。我们都听说过"节食伤基代"，我们也知道减肥过程中要的是体形而不是体重，是为了让自己看着好看，而不是搬着秤到处给人看。所以减肥，要增加瘦体重（肌肉含量），降低体脂率（脂肪含量）才能算减肥成功。影响基础代谢率的方式有很多，比如提高肌肉含量，同样体重的情况下，肌肉会比脂肪消耗更多热量。

基础代谢率这么重要，影响基础代谢率的都有什么因素呢？

甲、体表面积。一个人占地越大消耗越多。

乙、年龄。岁数越大代谢越差，老了吃不动了就是这个意思。

丙、性别。男的吃得多也不长胖，女的吃一点就长胖，因为男性比女性更容易长肌肉，那个合成肌肉的东西叫"睾酮激素"，男人比咱们女人多十倍，所以下次他们再忽悠着晚上吃夜宵的时候，姐们儿咱长长心。

丁、温度。寒冷和炎热的地方基代都会提高。体温每升高一度，基代提升 13%（哼，我说我怎么一发烧就觉得自己烧出马甲线了，除了脱水，还有这个原因）。

　　说到这儿，我有一点小嘱咐要告诉你，不要纠结于基础代谢率的数值。过去我一直有点迷信基础代谢率，因为我们都知道节食减肥会极大地伤害一个人的基代，而一个人的基础代谢率降低，喝凉水都长胖。但是我通过自己三年来的检测，（每两三个月我会进行一次体测评估，用同一台机器记录数据）我发现我的基代没有通过减肥增肌上升或者下降多少，这是我此前一直以来的疑问。后来我就此咨询了北京体育大学博士生导师曹建民教授，他说一般只有在实验室测试基础代谢率才真的准确，健身房的体成分测量仪，使用的方法属于"生物电阻抗法"，利用肌肉和脂肪的含水率不同，电阻也不一样，从而通过测量电阻率计算出体成分的大致数据，这种测量方式计算出来的基础代谢率可能不那么准确。这也解答了我一直以来的疑问，因为从我减肥以来，体脂从最初的31%降到现在的20%左右，但是我的基代一直在1450，没有上下浮动太多。所以我们知道健身减肥是能有效提高基代，但是如果健身房的机器没有给你一个你想要的数据，不要灰心，不必要太过纠结基代！那用什么来测量你的减肥效果呢？

（2）体脂率！

有关体脂率，我第一次是从我私教嘴里听到这个词的，那时我不懂，他说我超重，我心说，你就忽悠我吧。我对这个概念一直是无视的，当我从 140 斤减到 110 斤，看起来特别美的时候，教练指着体测数据说：你看你的体脂率 26%，掉的分量都是水分！我心说："什么乱七八糟的！"

等我出门旅游，上东大门大吃大喝，回来以后，反弹了 5 斤，我才知道体脂率的重要。市面上的体脂率测量仪器很多，我也用过不少款，我发现有的偏重有的偏轻。所以在这我很有发言权地说，体脂率的测试，可以在自己减肥的过程中用同样的仪器和姿势测量，跟体重一样，不是在这台机器上测一下，在那台机器上测一下，如果你使用同一台机器，即使数字有偏差，还是可以看到体脂率降低的速度和程度的。体脂率除了反映你的减肥效果以外，还是一个重要的健康水平衡量标准。一般来讲，男性的体脂率高于 25%，女性高于 35%，则属于肥胖，会影响健康，更会影响身材。咱们女性体脂率达到 25% 的时候，基本上是看不到腹部赘肉了，在 20%—22% 左右，那就是"女神"级别了。我的体脂率从过去的 31% 降到 19%。一般健身房女教练的体脂率，都在 17%—19% 左右（不思进取的除外）。

女性如果体脂过低会导致不孕，经期紊乱，所以说不要为了追求身材而透支健康。我还想说，有人买了体脂仪以后天天玩，早晨测，晚上测，不测就难受。但我要告诉你，有关体脂这件事，也真的别矫情。和减肥一样，你的肥不是一天长的，体脂也不可能一天降下去。

（3）腰臀比

还有一个需要引入的知识是腰臀比，这个比值也是我自己曾一直严重超标的。腰臀比（WHR）是腰围和臀围的比值，是判定中心性肥胖的重要指标，是评价女性吸引力的重要尺度。腰臀比是评价身体脂肪分布和腹腔内是否有较多有害脂肪的常用标准。腹部肥胖是最根本的问题，腰围也可以判定一个人的健康风险，引用 ACSM（美国运动医学会）最新的数据，一个人的腰臀比如果是这样的，那么就是健康风险极高的人群了：

男性，腰臀比 >0.95

女性，腰臀比 >0.86

减肥以来，我自己的腰围一直在 85—90 厘米，非常惭愧，我属于胳膊腿细肚子大的苹果身材。腰臀比超标的人会有内脏脂肪过多的问题，所以我当初胖的时候体检查出有脂肪肝……所以腰臀比是衡量胖瘦和健康的重要标准。

5. 一顿饭都控制不住

我原来早餐喜欢来点鸡蛋灌饼、煎饼，或者油条、糖油饼、糖火烧，我真心觉得那样才是吃饭。后来知道减肥要制造热量差，为了达到事半功倍的效果，我从早餐就开始严格控制，基本上是主食＋优质蛋白＋适量青菜。那时候我几乎把全北京的面包房都吃遍了，只要看着不错的全麦面包我都吃过。超市开架货85℃的全麦胚芽最好吃，每天去晚了就没得买了。搭配牛奶和鸡蛋棒棒哒，如果没时间煮鸡蛋，可以买早餐茶叶蛋，蛋、奶、两片全麦面包，这就是合格的早餐了，怎么样，并不困难吧！

到了冬天，还可以把面包或者生鸡蛋放在电饼铛里摊开。电饼铛真的是我家每天唯一不收起来的锅，从早到晚都能让我又快又好地解决吃饭问题。现在电饼铛已经成为我家的标配了，无论热什么都不需要放油还不糊锅。早餐还可以吃点青菜水果。我看到网上有大把时间的妹子能把早餐摆得格调特高，倍儿有食欲。我减肥的时候，早晨基本从起床开始就要照顾二儿子，所以时间特别紧。我常常就把奶和面包热了，再煮个鸡蛋。偷懒的时候一次煮三个鸡蛋，往后的两天热奶的时候把鸡蛋一起热了，省去了现煮鸡蛋的时间了。（我坚持认为时间成本高于一切）

当然，偶尔来了兴致我会做点三明治，面包夹生菜和鸡蛋，再放点牛肉。给家人我会再放一片低脂奶酪，给儿子会放点沙拉酱。给我自己的基本上什么都不放，我已经习惯了。在减脂期，我早餐后会喝一杯美式咖啡。在平时，我偶尔还会喝一杯拿铁，有时候运动前也会，提高运动表现。

坦白地讲，这样吃我开始也不适应，现在不这样吃我会不适应。

我为什么不反弹？因为这些年，我无论入住的是五星大酒店还是小快捷酒店，无论在哪个国家，即使早餐是好几百元一位的自助，我也都吃得很简单，顶多换换主食种类，比如把面包换成南瓜、玉米、山药、红薯、土豆或者粗粮馒头，有时候吃得略油，但体重也都在我能控制的范围内，要知道，平平淡淡才是真啊！那些带馅儿的油炸食品我几乎很少碰，偶尔在月经前夕吃点甜食，我说了，也会偶尔放纵一下，但是一般来讲都不太馋这些。

见到自助就搂不住的可不利于减肥，我原来就是那样的人，"一见到好吃的吃起来没完"，经常问"吃自助怎么能吃回来"，好像所有的人间美味不吃到肚子里我就亏大发了一样，尤其是花了钱更要吃，纵使吃完了撑得不舒服。我跟男神结婚以后都持续发胖，后来我才明白这种类似占便宜的心态，是我长胖的很大原因。

"因为我缺，所以我要拼命地占有。"宇宙回应你已然的样子。我这些年给出宇宙的信念都是感恩、充实、圆满、幸运，所以宇宙不断在给我同样的感受作为回馈。而那些匮乏的人，给出的都是鸡贼、抱怨、批判、不够、还不够的念，宇宙如是回应他们的人生，过着永远都觉得不够的生活。

除了信念还有身体，为什么出门旅行碰见好吃的就控制不住自己？为什么一顿早餐能吃了一天的饭量？为什么平时跟家吃不了的在这都能吃得了？

这些年不管走到哪，早餐再怎么丰盛，我都只吃我平时在家吃的。不是什么贵吃什么，什么少吃什么，什么稀罕吃什么。我是习惯吃什么，就吃什么。所以我不胖，所以我出门旅行也不会长五斤。我母亲也这样，平时吃粗粮，带她去五星酒店，她依旧吃粗粮，钱和食物都是外物，身体是自己的。

有的人，碰见好吃的就找不到北了，就控制不住嘴了，所以，也没有对生活的控制力，一顿饭都控制不住的人，谈什么控制人生。

如果你和我以前一样，希望你看完这章，可以从一顿顿自助餐开始，控制你的人生，少吃点不会亏，宇宙会从另外一个渠道，奖励你，让你被更多人喜欢，让你从内而外变得自信和有魅力。

6.水果、酸奶的热量也很高

说完了吃饭，还有一些减肥细节需要大家了解，减肥能吃什么水果？可不可以喝酸奶？哪种水果是"减肥利器"，哪种是绝对不能碰的？这节我们来讲讲这些。

很多妹子经常靠吃西瓜当晚饭减肥，甚至靠喝果粒酸奶当晚饭减肥，然后发现自己越减越肥，非常纳闷。

"嗯！原来我就是易胖体质，我减肥成功不了，我要想减肥就不应该吃饭。"

结论是："我要吃一个月水煮菜。"……这菜叶子听着就寡淡，吃一个月水煮菜能幸福才怪呢。要是这么吃，心里准得骂街，还不如别减肥呢。

听我这么说，你却想问我，为什么还流行那么多酸奶减肥法、水果减肥法呢，那酸奶、水果这些到底能不能吃啊？

国外一直管酸奶叫 sugar-packed snack，什么意思呢？就是"全是糖的零食"。有时候你喝一杯酸奶，可能糖分要比一罐可乐还多。那话咋说的，齁甜齁甜的！

很多市面上的酸奶都是糖分超高，你知道脂肪是让你长胖的罪魁祸首，却不知道糖，也是其中之一。很多说是零脂肪的酸奶，其实却放了好多糖，这不是混淆概念吗！一盒某牌普通的果粒酸奶，营养成分表里，每 100 克糖含量为 14 克，也就是说，为了提升口感，你吃每盒酸奶的同时，就这么稀里糊涂地吃了 36.4g 糖。嗯，你看看你家的白糖罐子，那得吃了多少勺？

哦，现在明白入坑了吧！这么喝一杯还饿，还不如踏踏实实吃点饭呢！那究竟什么样的酸奶适合减肥呢？嗯，糖（碳水化合物）、脂肪含量尽量少，蛋白质含量尽量高的酸奶，比较适合减肥喝。所以你可以看好卡路里，算好每一百克的成分再买酸奶。别嫌麻烦，不然你还得费劲把长的肉消耗掉。

学会看热量表以后，你会对自己入口的每一口食物，都了如指掌。过去为什么胖，心里也就门清了。

再说说西瓜、木瓜、葡萄、菠萝蜜、榴莲这类水果。有人把葡萄当饭吃，酸酸甜甜就是不瘦，自己努力节食半个月不带有效果，殊不知其实是果糖闹的。这些水果含的果糖，可比咱们吃的碳水化合物的"糖"要可怕多了，他们可以直接转化成脂肪，不需要任何细胞工具协助，吃多少长多少，一点都不浪费……

所以半个西瓜吃下去，比正经吃一顿饭还长胖。我推荐大家可以多吃的水果是苹果、西柚，还可以吃西红柿和黄瓜，你问我黄瓜算哪门子水果？你想减肥，就把黄瓜凑合当水果吃吧，哈哈哈哈。

如果你是个榴莲控，看到这，别觉得天塌了，减脂期不吃，不是一辈子不吃，或者如果你能把热量差算清楚，即使稍微吃一口也没事，把热量消耗掉就行了。

生活是你自己的事，怎么过日子是你自己的事，怎么减肥也是你自己的事，如果你能管住嘴，那运动就可以少做点，如果你不能管住嘴，就好好吃再好好练，万事无绝对，别吃完了有心理负担，吃完了就去练！

三、运动是不是必需的

很多姑娘都特别害怕去健身房，她们想知道有没有能不运动就瘦下来的方法。坦白地讲，如果你能保证减肥期间热量缺口始终存在，就真的可以选择少动，真不用一天跑十公里，但是如果你想有马甲线和肌肉线条，浑身上下散发荷尔蒙的魅力，就还是要去训练。也就是说，对减肥来说，运动不是必需的，但是对塑形来说，运动是必须的。从我个人经历来看，运动，是我减肥不可或缺的一部分，只是不需要那么"激烈"。

我减肥的时候，运动其实就是提高速度的遛弯，你说咱们也不是专业运动员，没到那个份上，天天也挺忙的，谁有工夫揣个怀表数心率搞马拉松的。其实我们普通人的运动，就是能走走，能颠儿就颠儿着，溜溜达达。比如坐公交、坐地铁，早下来两站走走，车上挤，上不去，咱就下来走两站，以前回家懒了吧唧，现在咱不玩手机，开始干干家务活儿，收拾收拾房子，这些，虽然不算健身房的运动，却都是在消耗热量，你只要动弹，就比不动弹强。

就是这么动，我男神心说，我媳妇怎么变勤快了，我同事心说，大宝子怎么变得积极了，我身边的所有人，都觉得我变了。

其实我的根本原则就是"不惜一切代价地消耗热量"。以前老待着，减肥以后老动着，然后有时间就去健身房练练，没时间就跟家"动动"。

如果你有时间去健身房，我建议你可以跟一些健身房的操课，杠铃课、搏击课、身心平衡，这些都可以去专业的健身房跟课，当然还有我最爱的搏击。北上广深的专业健身房教练水平相当可以，而且现在很多健身房都不用办卡，可以按次预约。即便你生活在外地，来北上广深出差或者玩耍的时候，随便约一个附近的课去体验一下，你会开始爱上运动。

如果想要美臀和美好的肌肉线条，那我建议你可以买私教课，跟着专业的教练练练，找个稍微厉害点的教练，别找天天老哄着你玩的那种。找个老教练，无论从专业度还是人格魅力可 hold 住你的，这样你就不会三天打鱼两天晒网，过不了半年的某一天，你可能也在朋友圈秀出了马甲线。

虽然我们都知道运动辛苦，但是对那些能够默默坚持运动的人，我们心里其实还是为他们点赞的。你总想让别人尊重你，欣赏你，可你干不出一件能让人尊重和欣赏的事，只想跟家躺着找借口犯懒，那别人都变成了"女神"，只有你还是"女汉子"。

我身边很多女孩减肥以后，出去办事都比以前效率高了。有一位不小心与前面的车发生追尾事故，前车司机下来一看，没太大事，又是个美女，就让她走了；还有一位朋友在瘦身成功以后升职了，领导说，能控制自己体重的人，也一定可以把工作做好；还有一个女孩一直想怀孕却怀不上，通过运动，气血通畅了，然后成功怀上了宝宝。

那会儿因为会员总怀孕，大家都说我是送子大宝子。哈哈，我最早为其"送子"的那个女孩，现在孩子都两岁了。夸张的是，我身边甚至有不孕不育的朋友专门来找我"治病"……

可见，好好减肥和运动，何止连接了你此刻的体重，还连接了你以后的人生。

四、减肥心态：爱谁谁

我曾经走过很多减肥误区，曾经苦于处理不好各种关系，减肥也一度陷入僵局。得病后，我从那么渣那么胖那么负能量走到了今天，所以大家减肥的心路我都懂。我知道很想减肥，又得不到支持的你，该怎么机智地躲开那些不友好的目光。所以，我要给大家讲讲减肥过程中如何面对别人的指指点点。

减肥的过程中，如果一直能得到家人和身边朋友支持的，咱们就不说了，这样的妹子也算是幸运了。我就来说说减肥过程中，在朋友圈、公司、亲戚那遇到阻力怎么办？那些"片汤话"怎么应付？

"你别减肥啊，减肥对身体不好！""你肯定减肥失败。""减什么肥，下次再说吧！""明天，明天你再开始减肥！"听到类似说法的时候怎么办呢？

1. 对待善意

像家里老人，看到你减肥的时候不吃饭，老人是真的心疼你，他们会因为心疼，而天天盯着你，怕你饿瘦了。与其说自己减肥，不如直接告诉他们你要吃什么，然后不要提减肥这两个字，只吃你能吃的，如果他们做的饭不合你口味，就明确告诉他们，什么样的菜你爱吃，把这些信息给到最详细。

我婆婆是非常开明的人，她知道我开始减脂，非常配合我，一般吃饭的时候她也不太管我，光吃菜也行，还老给我买牛肉鸡胸肉吃，吃饱了就 ok。

但我妈不行，在我妈面前，我就不得不来点小心机。我妈如果在我家，我是要比往常"夸张"的。吃之前对饭菜一通赞扬，吃之后就跟她们表示自己吃得太多，难受了，以后不能这么吃了。偶尔还要强烈抗议饭菜太好无法少吃，"明天一定要少吃点"，这些话说完就完了。你会发现，如果你不特别说，没人盯着你看，特别是父母，你放慢速度吃，多夹几次，纵使量少一点，也会给老人们构成一个你能吃且吃得好开心的假象。

如果不和父母住在一起，那每餐的自由度就非常高了，比如我和我男神二人世界那会儿，压根没觉得吃饭是个什么必需的事，没有那么多仪式感。但如果没得选，不得不和老人在一起，一定要尊重他们的感受，不要让他们觉得自己做了好半天的饭没人吃，或者一直担心我们会饿坏了。最傻的处理方法是一天都没坚持住就跟家里说："注意啊，我减肥呢，不吃饭。"那就等着被叨叨吧！我曾深受其害，前面不说了吗，我妈不仅鄙视我，还给我到处宣传"她就是一天到晚不吃饭"，给我气够呛……

　　通过我身边朋友聊天，我发现一个共性，老人都是看到我们晚上吃很多，他们就开心，殊不知现在多少病都是大鱼大肉吃出来的。当我逐渐开始明白身体不需要这么多东西以后，我就给我公婆也灌输这些理念，我家晚餐现在也简单了。过春节的时候，我都提议把大餐放在中午，家里人也都支持。过去整点大肥肉我还拍手叫好，现在肥肉都剩下，逐渐都不怎么爱做肥肉了。咱也不是刚闹完饥荒，用不着天天整这些对吧……毕竟吃完了躺床上撑得想吐那滋味不好受……

　　我公婆厨艺精湛。婆婆的酸菜排骨大肉龙，公公的冬瓜丸子汤和蒜炒腊肉等等都十分美味。我又喜欢喝酒，之前我们晚上总是全家人高高兴兴坐在一起整点红的白的才觉得这是气氛。后来我才知道酒的热量特别高，喝酒等于喝油。虽然我现在每晚也都喝点红酒，但减脂期就那么一两个月，我是真的控制住了对酒的欲望。

我曾经有个会员，她减肥的时候，她父亲给她买了个热量很高的三明治，她因此不开心，跟爸爸发了一顿脾气。这个女孩我观察她很久，减肥的时候一会儿这个借口，一会儿那个借口，想要全世界都配合她减肥，稍有不痛快就暂停。这种希望别人都哄着自己减肥的，效果势必不会好。

不要想着全世界都要为你减肥让路，不要太以自我为中心。减肥就是你落入生活的小事，不是跟自己较劲的大事。心态越放松，结果越好。公司加班，那我在加班的间隙爬爬楼梯，带孩子，那我们出去聚餐的时候我点一些我能吃的饭，没时间运动，那在午休时抽空运动。

克制不住对甜食、油炸食品的欲望，同时也就放弃了美好身材以及更被人尊重的自律的生活。老天一直很公平的，越矫情，越希望自己被宇宙围着转的人，越容易事与愿违。

很多会员减肥的过程让家人一同受益，为什么？因为饮食习惯调整，受益的不仅仅是我们自己，还有我们的父母、孩子。

好的饮食习惯让全家身体健康。

所以事其实都一样，有的人处理不好减肥这个事，是因为错误地理解了减肥，在我看来，减肥是一种很健康的生活习惯。

2. 对待恶意

在坚持减肥初见成效的时候，会有人不断来观望，还有人会嘲笑你，讽刺你，拉你后腿。他们自己做不到，就觉得你也做不到。你变化越大，他们越受不了，这是正常的。

我当初减肥成功后，各路人看到我瘦了，问我的第一个问题是：你是不是不吃饭？以前我拼命解释，要吃，要练，要热量收支平衡，说得嘴皮子都磨破了，结果没人理。下次见面继续问：你不吃饭吧？……

大家问我的第二个问题：你这么瘦，看孩子累的吧？

我后来，也就不解释了。"对，对，不吃饭。""对，对，看孩子累的。""可累了。"您说什么就是什么，我心说跟您解释不着。

真的没必要逢人就解释，因为他们压根就没想要瘦。

那要是参加不得不去的聚会，这顿饭怎么吃呢？怎么解释呢？说到聚餐好像如临大敌，其实也只不过是自己的感觉而已，觉得别人都在关注你，除了你自己，谁那么拿你当回事啊。我第一次跟原来的领导吃饭的时候，她的小手一直放在转盘上给大家转转转，从头到尾没看见人家吃，桌上压根没人发现。我还碰见过这样的人，吃饭之前告诉全桌子人我减肥啊我不吃，然后整个一顿饭的主题都围绕着如何让她张开嘴，抨击节食减肥的危害。这类人最后其实也没少吃，真的没吃吧，看别人吃也倍儿难受，还减不下去。不知道你更倾向于哪一种？我总是觉得减肥是一种心态，用不着人尽皆知。减肥是个属于自己默默努力的小事情。当你真的瘦下去五斤十斤，视觉的冲击还是有的。那时候你再高谈阔论自己是如何做到的，奖励自己吃一顿大餐（吃完别忘记去消耗），等慢慢做到这些的时候，你会发现，你不再执着于体重上的数字是不是因为一顿饭而上下起伏，也不会再把那些压箱底的衣服默默拿出来，吸着肚子，崩开扣子，再默默放进箱底，更不会起床后跟没睡似的无精打采，而是充满了活力。舍得跟自己那些顽习说再见，真的对自己狠一点，设定可以达到的目标，顺其自然地去做。你必须非常努力，才能看起来毫不费力。

对那些不看好你的人，跟他们吃饭不用解释"我要减肥"。自己这点事别都告诉别人，该屏蔽的人要学会屏蔽，然后在饭桌上，自己能吃什么就吃什么。

假如你减肥不顺利，过程中又被别人打击，要学会从别人的讽刺挖苦中寻找力量。愤怒不也来自自己的无能吗？这么无能，那赶紧先把减肥这一件事做好了！

学会在减脂中处理与家人的关系，特别是亲子关系，在单位要处理好上下级关系。减肥并非是独立事件，它会对人际关系带来连带性的改变。我们应顺遂改变，用以不变应万变的心作为我们心灵最后的归属。

五、气质

减肥成功后，我以前的好多衣服都能穿了，而且感觉自己的气场出来了。

以前是看人家模特穿着好，就买，自己对自己的身材完全没有概念，只想显瘦、好看，然后搭配出来也都不怎么样，说到底，不懂得审美。

减肥以后，能够轻松提上裤子和让后背没有勒出道子，使我高兴了好几天，我发现即使随便买一件 79 元的基础款小白衣，我穿起来也好看。我计划今年夏天用简单的白色 T 恤和黑色 T 恤度过，买两件款式相似、质量好、穿着舒适的 T 恤，怎么搭都好看，因为我有型，我好看。健身以后省了好多钱，也开始对自己真的适合什么，有了正确的认知，市面上再刮什么风，再流行什么，也跟我没关系，简单的衣柜再也不会一打开就往出掉衣服！以前是别人的"怎么穿"覆盖我，现在是，我告诉你们我怎么穿好看，我有我的独特。现在的我，"大写的"干净利落，还有自信。啧啧。

减肥以后我还干了一件"二虎"的事，因为健身房帅哥特别多，我胖的时候吧，也不怎么注意形象，瘦了以后开始有点希望自己更好看了，但是自己又有一颗女汉子的心，不太会化妆，那时就想，怎么能省事呢？从文眉开始试试行不行？

母亲和婆婆年轻的时候都文眉，但是她们的眉毛不是红的就是蓝的，好像都掉色了。我回家后把这个想法跟她们一说，她们举双手双脚反对我，说纹完特别显老，我男神也不同意，觉得这是老太太干的事。

不了了之。

后来我还是想听自己的，不想听他们的，一个朋友给我推荐了一个文眉师，在此之前，我已问了几家，比较了一下，就她家实在，看起来又不那么浮夸，于是就跟她约了文眉。

于是，在减肥成功的那年春天，我找了一个半天，忐忐忑忑地把眉毛文了，后来又做了眼线。直到今天，我再也不是那个眉毛像野草一样在脸上到处乱长的大宝子了，我虽然笨，也不白富美，但是我有一颗想要变得更好的心，这颗心支持我，从大胖子、大婶变成了谁都想多看两眼的美妈。我没听别人的建议，我只按照我的需求来做事，做得不对也没关系，我有的是时间试错。

　　过了半年，母亲和婆婆也开心地跟着我去把眉毛文了，在我的影响下，六十岁老太太也要貌美如花。

　　好玩的是，那个文眉师后来参加了我的减肥课，和我成为非常好的朋友，她也是两个孩子的妈妈。我时不时介绍几个减肥成功的妹子去找她文眉，大家从朋友竟然变成了圈子，在这个圈子，我们通过自己变好，影响了无数妈妈变得更好。

　　在我内在成长的这条坎坷的路上，很多新认识的朋友都变成了老朋友，我们在人生最开始起步的时候认识彼此，相扶走过一段岁月，这样的结尾，我十分满意。

　　很高兴认识你，我的新朋友。

　　　没有人是生来就优秀的，只是优秀的人把时间用来雕刻自己，他们让自己由内到外精彩，而非消耗在不值得的人事物上。无论你是胖子还是瘦子，无论你生活得顺遂或者坎坷，无论你想要的，此刻有没有给你，不要说你被生活打败了，生活不可能打败你，永远不可能。

人生就是这样，你必须有舍有得。所有的得都发生在你准备舍掉之后。舍掉碳酸饮料和无止境的甜食、高热量油炸食品，高度自律，适度怡情，选择在炎热的夏天放弃吹空调吃西瓜，选择在别人玩手机的时候站起来做一套抗阻训练，选择在严寒酷暑，让自己动起来，让自己变漂亮，让自己站起来，走出来，在人群中闪耀。夏天来了，好姑娘永远光芒万丈！

真的要想想，等你到了四五十岁，坐在人群中，还能看到你手臂美好的肌肉线条，给孩子开家长会，你也是人群里最有朝气的那一个，是一件多么幸福的事。你看看身边那些精干的女人们，谁不是越活越有味，越活越干练，她们健身、旅行、读书以及享受生活，把自己和家人的日子都规划得那样和谐，难道你不想成为这样的人吗？

美好的肉体和美好的灵魂，你都值得拥有。

第三章 身心断舍离

一、胖的根源

　　带会员减肥这五年以来，我对我的会员们进行深入的关注和回访。一开始，我认为他们胖，是吃得不对，练得太少，认为只要把吃和练的问题作纠正，无论如何都会变瘦。后来我发现他们中的很多人，一离开减脂营，就开始反弹，而且反弹得很快。学习中医以后，我发现他们中的一些人胖，可能是因为身体寒气太重，平时自己不注意饮食，肚子里凉气多，导致身上堆积脂肪。也就是越胖，这些人身上越寒凉。再深入，我发现多数胖子，尤其是那种会反弹的胖子，其实他们内心都有一种模式在悄悄运作着，这种模式没随着吃和练改变，所以时间久了，就反弹了。

这是什么奇怪的模式？这是一种内心的作用模式，这类减肥失败的人，特别容易受周围环境的影响，特别容易妥协，特别容易被否定，被控制，然后内心没有力量。

想想，我原来也是这样的人啊，这才是那时我常立志却减肥不成功的关键问题。过去的我和现在的他们为什么胖？因为觉得自己做什么都是没意义的，所以认为没必要减肥，自暴自弃了。如果心里生不出"做自己"的力量，是很难真的成为"白富美"的。这力量是说"不"的力量，爱谁谁的力量，自己想干什么就去干了的力量。这也是我之前，一直被打压，根本生不出的力量。

这股劲儿，应该把所有对别人的"羡慕嫉妒恨"都转变成我要变好，甭管你是我老公，我妈，我亲兄弟，不要干涉我的决定，不要控制我的人生。我可以不要你们的钱，可以单身，可以没名利可图，但是我要活出我自己，这世界上没有比这还重要的事。

这辈子我过不去这关，下辈子我还得受着，我要打 boss 成功。

所以你就知道，原来胖，是因为这个。

对付肥胖的锦囊有很多，吃和练层面的改变都是初级的。中级目标是改变身体的状况，改变生活习惯，不贪凉。更高级的是心性上的改变，思维模式的改变。这样一来，你才能达到身心的完全统一。

所以你看到那些因为瘦而改变了人生的，多数是改变了心智模式。而那些反弹的，可能其中有一些人需要认真思考自己的人生。人云亦云，喜欢讨好、评判、随大溜儿，一边希望自己和别人不一样，一边又害怕自己和别人不一样，这样可能很难达到效果。

减肥的过程中，心和身缺一不可。前面讲的身减，那我们这章就讲讲，什么是身心减。看完这章就知道，减肥一来要学会基本的吃和练，二来要试着疏导身心，三来你要改变导致情绪波动的观念。就这么点事。

二、情绪致病

从我健身多年的经验来看，健身和很好地控制油盐摄入，本来就是在通气血。导致我们身体里能量黏滞的因素，有一部分来自寒凉，这些寒凉不仅仅是传统的"贪凉""受凉"。还有我们为了过嘴瘾吃的那些油腻腻的肥肉，摄入过多的添加剂，都属于让身体"堵"的范畴。还有一部分寒凉，来自那些负面、指责、抱怨的情绪，这些情绪让我们的生活没有释放的出口，隐忍生气，最后把自己气病了。

人有三焦，上焦心肺，中焦脾胃，下焦肾和膀胱。上焦主火、主热，下焦主水、主寒，中焦的作用就是引下焦水灭上焦火，又引上焦火温下焦寒，保持整体的平衡温和。上焦特别热，下焦特别寒的人，会火大然后胆小，肾气不足，冬季容易脚凉，肚子里有浊气，腹胀，胃部不适。这种人做事难坚持，不是心的层面无力坚持，问题发生在身的层面。

所以在给会员做减肥调整的时候，我不仅仅关注的是日常的训练和饮食，更多的是希望他们的身体层面和他们的情绪方面发生改变。

我有个会员，减肥成功后还是会反弹，后来她找借口不减了。最近和她接触，我发现她是讨好型人格，特别没原则，她想让身边所有人都与她契合，都说她好。头脑可以说服自己，但是身体都记着了，所以胖，气都堵在身上，要知道那些怨气和负面情绪本身就是湿和寒啊！有很多人减肥以后肚子还是会大，以前我们以为是自己吃多了，或者把腰臀比、体脂率归咎于遗传基因，总结出一套"苹果""梨"身材的理论。其实还有一个真相是，肚子里的五脏六腑对应的不同情绪淤堵气滞，导致肚子肥胖，这也并非"管住嘴""迈开腿"就可以解决。

身体和心态是互相作用和影响的，一个人身体不通畅，心态就消极、负面。咱们这里说的身体不通畅而导致的结果，肥胖只是其中之一，还有的人表现为过瘦，还有的是长结节、肿瘤。很多人去看中医，医生会告诉你回去要调整心态，多做一些积极的事，但是身体都已经那样了，怎么能有心情做积极的事呢?! 无论是减肥还是做事情，如果不从身和心两个方面一起抓，就容易反弹、焦虑（比如我知道很多会员如果有一天没做运动，就会特别焦虑，这不是她愿意焦虑，是心的问题）如果你能正确地认识自己，你就不会苛责自己，身体状态、生活状态都会好起来。

《黄帝内经》早就讲过：怒伤肝，喜伤心，忧伤肺，思伤脾，恐伤肾，百病皆生于气。如果经常生气，肝会有问题，就是极力地克制，肝的问题依旧存在，想不生气都忍不住。再比如肾不好的人容易害怕，脾胃不好的人爱瞎想，这些都不是想控制就能控制得了的，需要同时对身体和思维方式进行调整。

其他身体的问题我们留着下本书讲，这本咱们只说，肥胖问题对应的身体问题是什么。肚子大的问题不仅仅出在脂肪，阴虚、肝火旺等等问题也会导致肚子看起来大。为什么很多人减肥不彻底，因为他的思维方式没有调整，他们没有善巧方便地引导自己，从而让情绪得到有效改善，因此身体依旧堵，不畅通导致神经紧张和恐慌焦虑。中医讲究的是平衡，"太多"与"不及"都会出现问题。

　　怒伤肝，经常发怒会影响肝脏，肝属木，你看那些树周围空旷，树就枝繁叶茂，周围很挤，树就发育不良，所以心情舒畅就会使肝脏功能旺盛，排毒顺畅，从而眼睛明亮，关节灵活，相反，肝脏不好，就容易发火或者生闷气。

　　喜伤心。经常很兴奋的话心脏受不了，就像范进中举，考上了功名，就失心疯了，心脏不好的人，最好不要买彩票或者打麻将，赢了钱，大喜易出人命。

　　忧伤肺。林黛玉就是哭死的，用现在话说是肺结核，肺好的人就有魄力，干事麻利，如果老犹犹豫豫的，可以食补一些白色食品。

　　思伤脾，不要胡思乱想，脾胃乃后天之本，很重要，脾好的话联想力很好，会举一反三。

恐伤肾，有很多人不敢走夜路，不敢看鬼片，就是肾亏，所以小时候真的被吓到过的孩子，长大就特别容易胖。我原来有一个会员，小时候她爸爸总打他妈，她没过青春期就特别胖，这种情况其实就是孩子潜意识因为太害怕，所以让自己暴食长得很胖，因为这样她能打过她爸，就不害怕她妈总挨打了。这个会员还是一个非常富有的家庭，别人都不知道她家关起门的这些事，这个女孩也从来没跟任何人说起过这些，大家都很纳闷，这么好的家庭，为什么孩子养得这么胖，其实就是这个原因。

三、疏通情绪

如果已经是这样，那我们有什么办法能够帮助自己从这些潜移默化的影像里走出，活出崭新的人生呢？要知道原来的我，也是这样的，我是如何走出来的呢？

1. 拍打

我们的身体就像汽车的零件，用了这么多年了，又不好好保养，除了爱惜脸蛋子，说说你给身体吃了多少添加剂，为当老好人，憋了多少气。但五脏六腑，这块好点那块差点都是正常的，别害怕，只要还没咽气，一切都是可以扭转的。

拍打很简单，哪里不通拍哪里，哪里不舒服拍哪里，除了一些急症，日常保健我都通过拍打来自己调理。每天上班休息的时候，拿老人喜欢用的小木槌，或者干脆直接用手，给肾拍拍，一天两天没用，坚持一个月以上，你会发现自己开始越来越胆儿大，不那么敏感了。有的孩子晚上总哭，几岁了还尿裤子，很可能是因为父母有时候不会控制情绪，老跟孩子瞎喊，喊得孩子心里害怕，上学也害怕，干什么都胆儿小害怕，晚上睡觉就容易尿床。这种情况我会在晚上睡觉以后给孩子温柔地拍拍后背，沿着脊椎隔着被子这样拍下来，把孩子的小后背拍得热热的。大家在公园经常能看见很多爷爷奶奶在拍打经络，其实是一个非常好的事，别笑话他们。

另外，肥胖的人，尤其是腿粗屁股大的人，很可能是因为下半身寒凉不通，所以容易囤积阴寒负面的东西，那就利用空闲时间拍拍腹股沟。再有就是跺脚，这个事咱们无论在哪都能干，不挑地方不挑时间，还不花钱，只要没穿着高跟鞋不影响别人，就能走哪跺哪。跺脚的时候想象自己的腿上积累的冰柱一样的阴寒，被我们轻轻一跺，就从身体上震掉了。不用太使劲，每天晒着太阳跺半小时，你的身心都会越来越好。

2. 得会"骂人"

得会"骂人"，分两种意思来理解，看看你理解成了哪一种。

第一种得会"骂人"，指的是会拒绝。很多女孩，因为不自信，总是讨好别人，不会拒绝。这里面强调给大家的是，要学会说不，要学会运用拒绝的力量。

影视剧里常常有这种情节，特别好的人，突然得癌症死了，那癌症就是情绪病。有的好人，是真的好人，人家干事就是干事，不是讨好，这种人做了好事就不会心里拧巴。还有一种是自己做了好事，其实是为了让别人说自己好，过了讨好而处处隐忍，一般这样的人都特别没有安全感，喜欢付出，最后却内心拧巴，就容易得病。希望我们都能做第一种好人，而不是滥好人。滥好人只会滋养别人人性的恶。

有关滥好人，我也是深受其害，我自己原来就是一个滥好人。傻愣愣的，谁都想管，谁都想帮，别人占了我便宜，欺负我，我还不敢说话，生怕伤了脸面，最后心中计较又不敢表达，才把自己气的得癌症。另外我脾气急心眼又好，人都说这个叫"刀子嘴豆腐心"，我们说刀子嘴豆腐心的女孩是好女孩，可是我们心眼再好，如果说话伤人，那也不是真的好，还特别容易被人利用。

为什么我放弃第一份事业的时候，别人会轻信那些诋毁我的话呢？就是因为我太爱急，所以大家都觉得是我在欺负人，其实我到底亏了多少，当初骂我的人都不知道实情，我还忍了一年，你们说，我是不是活该啊！

这个事给我的教训让我迅速成长，立刻表达，不隐忍，不滋养人性的恶，学会"骂人"，还要学会守着自己的边界，不能谁要你都给。咱们都要过日子，我又不是真菩萨，佛还渡有缘人呢，何况我们还是个人呢。现在基本上没人敢来侵犯我，因为我给人的感觉就是通情达理，但不好惹。以前我给人什么感觉？以前给人感觉是缺心眼的家伙。哈哈哈哈！

第二种"骂人"，得会"骂人"，但是别谁都骂。掌握技巧，咱们也不是说自己有情绪了就解放天性，得谁骂谁了，那属于"精神病"。而且这种骂人，真的会伤害爱你的人，还会让别人利用你。属于，特别"缺心眼"。这种"做自己"的模式，可一点都不机智。如果你是这样的人，要看看自己被人利用了多少次，管了多少次闲事，可千万千万别五迷三道的，现在开始反思自己吧！

我们说的做自己，不是任性，如果大家都恣意妄为，社会就无法正常运转。那你问我，如果我真的有情绪可怎么办啊？我生气时常用的方法有几种，比如去大山上喊山，谁也不影响，想说什么说什么。再有就是去 KTV，唱歌发泄一下。如果条件都不允许，关上门把枕头揍一顿也是不错的选择。咱别摔手机，那种方法只会让别人偷偷在背后笑话你。

　　遇到了让我们想"骂人"的事，功课来了，我的反应应该是怎样的呢？一、问问为什么是我。千万别先挑别人的错，一味纠结别人为什么这样，为什么欺负我。非常大的一个思想转变就是先找自己的问题。二、处理自己的情绪，带着觉察沟通。我曾听过一个社会新闻，一对情侣在买东西的过程中与小贩发生口角，结果被小贩用利器伤害，最后身亡。导致发生口角的可能也不是多大的事，所以说，与人沟通时，我们要学会克制自己，体谅别人。

　　无论是夫妻之间、同事之间，都要表达<u>内容、感受</u>，而不是表达情绪。在这给大家举个例子，比如你看见家里的地板特别脏，你原本用指责的语气说："我说，你看你回来也不知道擦地，就玩手机！！"改变以后的语气是："老公，你看咱们家地那么脏，能不能擦擦啊。你真好，上了一天班，回家还这么勤快。"你要是学会了说话的艺术，其实跟谁就都没有什么争执了，因为你身心通透，不吸引不愉快的事件发生。即使发生，你也能化解。这其实就是改命。

女人，要让自己温柔一点，别走到哪都跟谁欠你的似的。再说说跟父母的相处，大多数母亲都喜欢教育孩子，我特别不喜欢母亲总说我，以前她一说我，我就呛她，我修心以后，理解她一辈子也不容易，跟亲爹妈没什么好打架的，矛盾发生只不过是理念上的不同，于是我常哄着母亲说："哎！朱阿姨你说得真对啊，我什么都不干啊，没有你哪有我今天啊！"母亲本来打算跟我干仗，一看我软下来，就也不针尖对麦芒了。有时候她来干涉我，我就不搭理她，反正我自己不生气，她愿意生气，那是她的选择，我自己活成什么样，我对自己负责。现在我按自己的意愿活，越来越好，母亲就从内心尊重我，不对我指手画脚了。

如果你的父母经常对你指手画脚，是因为你还不够好，无论是经济还是生活，你对他们有一定依附，说白了就是你还有能让他们挑剔的。所以只有把自己活硬气，活厉害了，你才能真的不被各种人事物捆绑。别老想改变人家，改变你自己吧。好好工作，好好减肥，自己能干吗干吗，什么事别都指着父母。

穷点不怕，累点也不怕。如果你对他们有依附，就别介意人家挑你。

千万别一边矫情地希望大家为你让步，一边死气沉沉，"一脚踢不出个屁来"。你无趣，你不争气，就别想着世界都喜欢你，矫情。

下面给大家一些日常提升自我频率的小方法，请尽情模仿：

1. 找一件你真心喜欢的事情去做。如果有什么是你可以不计较时间、金钱的，喜欢的，就去做吧，这一定是你内心所热爱的，是你的天赋才华。哪怕只是缝纫、刷碗、收纳、织毛衣那些不起眼的，拿不上台面的小事，只要你愿意去做，你就可以把小事做成大事。不要去管别人怎么说，不要妄自菲薄。五年前，我不起眼的小事是热爱减肥，五年后，我通过带人减肥实现财务自由，时间自由。如果事情是自己一定不喜欢的，功利的，那做起来也是痛苦的。记得美剧《绝望的主妇》里，Bree 非常喜欢烹饪，她老公却认为她只能做家庭妇女，不应该有那么多想法。在被打击的多年以后，还是在一个水管工的帮助下，Bree 写食谱出书，成为行业内有名的美女烹饪师。这个世界上不是谁都能幸运地一开始就能从事自己喜欢的行业。如果你有幸在做自己喜欢的事，我要表达我的祝福；如果你没有做着你的热爱，或者你都不知道你的热爱是什么，请在平凡的生活小事里去发现，去遇到。可能是陪孩子讲故事，可能是喜欢归纳整理衣柜，可能是做个面包，可能是喜欢带人减肥（来找我），可能是……总之，每个人来到这个世界都被赋予自己的天赋使命，但不是谁都找得到，与其羡慕别人，不如从现在开始，尊重你内心的感受，尽量找你认为开心的事做，你总有机会转行。

2. 听好听的歌，放松。

3. 泡澡，边泡澡，边唱歌。唱得好听或者难听，那是别人的评价，你只需要自己爽就行。自己跟自己唱歌吧，把门锁紧一点，想叨叨什么就尽情叨叨。

4. 每周送给自己一束花。每周等待不同的花，看着它们朝你笑。高兴或者不高兴的时候，都看看它们，它们都是有生命的。

5. 晒太阳，看书，凝望蓝天，感觉一呼一吸间温暖的当下。

6. 接触大自然，接触小生命。定期去户外看看，不要总在屋里捂着。除了办公室和家，你每天匆匆走过的每一个地方，都值得你用心去发现美好。

7. 跳舞。找一首你喜欢的音乐，害羞的话，关上门，在屋里扭动扭动扭动，扭得满身大汗，好爽！彻底放松你的身心。

8. 手动实现愿望。把想法从纸上落实在行动上。实现梦想那一刻，你会感觉到什么是真的爽。不管想要的小到一个项链，还是大到一辆新车，去力所能及地实现它。花钱的时候感受金钱流动的美妙，感受花钱的喜悦，不要沉重地自责。你值得拥有更好的。

9. 旅行。不管去哪里，重要的是心情，不是虚荣。可以去郊区，也可以出国环游，无论去哪，一呼一吸之间，与自己好好相处，重新认识那个平常忽略了很多的自己。不要只是拍照，不要只是游览，去在旅行中遇到一个崭新的你自己。

10. 感恩。每天想起一些在生活中你认为理所应当的事情，去感恩它们的存在。帮你接孩子的父母，担待你的朋友，碰巧赶上的绿灯，时时刻刻，都值得我们感恩。

11. 认真地和你爱的人"啪啪啪"一次。眼神对眼神，凝望，接吻，拥抱，每一个动作都在提升能量。性爱不是敷衍不是套路，用你的感受去做。

12. 不求回报地帮助别人，尤其是帮助陌生人。

13. 化妆，然后对着镜子里的自己笑，告诉自己，你真的好漂亮。去专柜试，去专柜买，买你喜欢的口红，喷你爱的香水，看着镜子里的自己，不要挑剔，满心欢喜，我好美，我还可以更美一点。

14. 分享你的所见所得，真诚分享，敞开你的心。打开心轮，让你的所见真诚流动，别人会通过你的分享更加全面地认识你，不要评判自己，你只需要好好地做自己。

15. 整理房间、汽车，断舍离，抛掉那些极大消耗我们的人事物。定期清理，太过沉重的物品只会产生拖拽我们的负能量，让那些负能量快快消散。

做那些让你感觉对的、舒服的事。做一个让自己和别人都舒服的女人。

"我越来越清醒地认识到，我所热爱的姑娘，不是在家里低眉顺眼地等我，而是比我先行一步，在路上趾高气扬地呼唤我。我们不需要一个家，所有的路都是家。"

四、没人看你

因为绝大多数人都死要面子活受罪地活着，所以少数会拒绝、敢说不的人，就显得弥足珍贵，走到哪都让人愿意多问多照顾，被人尊重。

很多人，被集体意识教育得就是要死要面子活受罪地活着，真是难受得理所应当。

我去买东西，买不起的，直接说"太贵了"，不想要的，直接说"谢谢你，不需要"，我凭啥为了配合你工作，演我的虚荣，我没那么多虚荣可演。有一次我去买墨镜，免税店的销售觉得我像有钱人，上来就推荐一款六千元的墨镜。有钱，我也不用六千块钱买墨镜，我真的宁愿用这些钱去救助些流浪动物。我直接跟销售说我不买那么贵的，销售看我这么直白，也高高兴兴地把墨镜放回去了。我装什么装，谁认识谁啊。

我过得好不好还需要跟谁说明啊。心里好，我吃成都小吃也美，心里不好，吃七星酒店也是拧巴。只有精神不富足的人，才比车比房比旅游比孩子，精神富足的都偷着乐呢。什么越野车高档次，车子一个比一个精贵，内心一个比一个低劣。嘴上动辄几千万，家里买肉都含糊，打车都舍不得，就是这些伪贵族。

活得累，生命会受到影响，纵使活得久，多活一天心就多累一天。

没有那么多人天天盯着你干吗，也没有那么多人需要跟你比，没有！

你只需要照顾自己的感受，你只需要在一些简单平凡的小事上快乐起来，别人浮躁是他们自己的事，只要你决定了，每天你都有权利选择真实地面对自己。

　　胖的是身体，看似是吃得太多，而实际内在，有一个胆怯的、弱小的、不愿挑战的你，害怕受伤的你。懒惰，基本上都是身心堵塞，气血堵塞，堵到一定程度，整个人常年就是黏糊糊的。身体通不通，堵不堵，去生活里检验吧。活得好的不是人家命好，是身体不堵，那些什么都不干就矫情得不要不要的，八成都是堵的。

　　想要减肥的你，要的不仅仅是减肥的结果，从享受减肥过程开始，学会尊重每件事的过程，不再慌张地生活，认真过好每一个当下。从每一时刻的觉知开始，学会更好地处理关系，让每一个在你身边的人都感觉到舒服而非紧张。从尊重内心感受开始，把目光收回到自己身上，不再那么害怕别人怎么看自己。从制定一个目标开始，认真坚持，首尾不懈，从而能走得更远，把更多事变成生活里的一部分。

　　内在成长是一条曲折坎坷的路，可不成长，生生世世都会在同样的问题上卡壳，受罪，停滞不前。通过健身、拍打、自我释放等等方式，最终达成内在和谐，才能真正成为更好的自己。

那条神路，是指向内在的光芒。只有自己才能救得了自己。

触摸自己

泰戈尔

你靠什么谋生，我不感兴趣。

我只想知道，你渴望什么，你是否有勇气追逐心中的渴望。

你面临怎样的挑战、困难，我不感兴趣。

我只想知道，你是怨声载道，还是视它为一次学习和成长的机会。

你的年龄，我不感兴趣。

我只想知道，你是否愿意冒险，哪怕看起来像傻瓜的危险，为了爱，为了梦想，为了生命的奇遇。

什么星球跟你的月亮平行，我不感兴趣。

我只想知道，你是否看到你忧伤的核心；

生命的背叛，是敞开了你的心，还是令你变得枯萎、害怕更多的伤痛。

你跟我说的是否真诚，我不感兴趣。

我只想知道，你是否能对自己真诚，哪怕这样会让别人失望。

你跟谁在一起，我不感兴趣。

我只想知道，你是否能跟自己在一起。

你是否真的喜欢做自己的伴侣，在任意空虚的时刻里。

你有怎样的过去，我不感兴趣。

我只想知道，你是怎样活在每一个当下。

你有什么成就、地位、家庭背景，我不感兴趣。

我只想知道，当所有的一切都消逝时，是什么在你的内心，支撑着你。

愿我看到真实的你。愿你触摸到真实的自己。

第四章　生活中的我

一、房子是借来的，生活不是

　　看了身边很多朋友，她们认真生活，遇到烦恼也会逢凶化吉，是不折不扣的人生赢家。她们把有限的时间都用来把自己过得更好，把生活环境变得明亮、规整、有序，并不是有什么行为规范，更多是她们的意识状态已然在那了。邋遢的女人，家里多数是乱糟糟的，她们自己丢三落四，神识散乱，容易遭遇外伤、婚变、失业等等事变。如果能凑合这一天，就能凑合这一个月，就能再凑合一整年，就可以浑浑噩噩凑合一辈子。这种人的人生没有选择权。

现在越来越多的房客，可能收入不高，但品质真的好，他们对生活的热爱发自心田。

只有非功利性的热爱，才是可持久的热爱。

1. 第一次装修家

稀里糊涂地搬来现在这个家的时候，大儿子四岁，小儿子刚半岁。我每天上班、喂奶、健身，然后伺候老生病的孩子们，早出晚归，晚上还总睡不好，心情一直都不美妙。为了大儿子上学，我们搬进城里的老房子，位置比较鸡肋，属于不定哪天就拆迁的敏感地段。但出门很方便，关键是我和男神上班都近。因为担心拆迁，我们搬过来的时候，用的都是一些东拼西凑的家具。这些家具够好，只是因为风格太散乱，导致整个屋子都很糟糕。

那时候我刚从减肥这件事落入到生活里，能耐心地做一顿饭了，这对于女汉子的我来说已经不容易。有一天恰巧看到网友对自己租的房子进行改造，前后花了不多的钱，但改造效果非常好，于是我也动了改造家的念头。

你懂的，我的念头一萌生，就被家里的反对意见淹没了。

改造不得有人看着吗，天天给你看孩子，怎么弄家？改造不得有味吗，两个孩子这么小，装修完，一家子怎么住？改造不得花钱吗，花完钱明天出一个政策开始腾退，钱不是白花了吗？

于是，我的改造家园梦想的愿望，无限期地推后。

无比沮丧。说实话，那会儿我真的就没看上这个房子。

其实人活着，是多么容易对身边人妥协。被反对了这么多次，应该妥协了吧？

我，偏不。

虽然大的装修计划被家人反对，但他们不能影响我小的改造。这个月发了工资，我把全屋子的灯都换了，下个月发了工资，我把全屋子的窗帘都换了，再下个月，我买个柜子，怎么，你们能吃了我？！时不时我会在网上羡慕一下别人的家，憧憬一下自己的家，然后默默忍着，忍了五年，说是要拆迁，但一会儿有信儿，一会儿没信，得了，我装修吧，不忍了。住一天，舒服一天。

过去因为房子小，孩子多，我总是考虑需要强大的储物功能，而忽略了因为储物太强大导致的破烂囤积，厕所里各种用不完的东西，大人的，孩子的，买重了过期的。大家都觉得这不是我的，所以大家都不管，真是三个和尚没水喝。甚至有的东西即使扔了，又被别人买回来。

第一次装修是那年的 8 月，主题是把原来因为没有安全感而囤积的那些带有储物功能的镜柜、大柜子扔掉，精简空间。但是眼看着孩子要开学，家里的反对意见一波波袭来，于是我们只是找了装修师傅把墙刷了一遍，扔掉了一些东西，把过去孩子画的那些乱七八糟的道子刷掉了。

一些改变不了的硬结构，就放弃了。那时候的我，还是没勇气做大的改变。

2. 第二次装修家

第二次装修仅仅时隔四个月，我现在回想起来，认为这就是我对待生活的认知真的成长到了那个水平，日子是自己的，破破烂烂的生活不值得过，我一天都不想再凑合了。

家都收拾不好，还能扫了多大的天下，笑话！

装修那天我给自己写了这样一段话：如果 8 月的时候再坚定一点，就不用此刻大冬天拆家，把 8 月的装修都拆掉，重新隔断、吊顶，从零开始。所有的事实都证明了，做了决定就要坚定。如果是受了外人影响的决定，可以再想一想，再想一想，直到自己真的想清楚了为止。慢慢来，反而能更快一些。否则我们会在重复犯错中为过去买单。可能是经济上、时间上损失，也可能是精神上增加负担，无论是什么，真的想明白要什么，再去做，好的坏的，我都能承担，我都接受，没有遗憾。

那年冬天，我和男神挤在客厅沙发小角落，开始期待这终极折腾的效果。

你猜装修过程中我做的最多的事是什么？不是买东西，是扔东西。

其实每年我都会阶段性地扔一些东西，这次扔得最狠，为什么？因为我把装东西的柜子给扔了……以前因为房子小，置办的都是些能收纳的大家伙，虽然用心生活，但是很想要把有限的房屋填满、多装，让我感到安全感十足。但能装的同时，我也忽略了因为储物功能强大而导致的破烂囤积，现在我发现，柜子做得越大，囤积物越多，舍不得扔的东西也越多。于是在这次的改造中，我首先把没用几年的有囤积功能的床、书柜都处理掉。不喜欢的东西一天也不要在我眼前晃悠了，我要把它们尽量都扔掉。院子也在我的打理下日渐明亮和整洁。

每天燃香，沏茶，晒太阳，男神下班回来，看着身边的景色也能抽根烟。消耗我们生命的东西越来越少了。生活在城市里的人，很容易被外面奇奇怪怪的声色乱了神识，而到了岁数，我们要做的是专注而不是继续扩散了。

这半年随着内在的提升，我对外物的要求开始降低，不断地扔掉一些东西，不断地觉得生活里没有这么多需求，包括衣物、家具、玩具、厨具。男神最开始是不赞成我扔东西的，我扔他捡，逐渐地他身上也有很多黏滞的负能量，随着我们彼此的内在成长而慢慢消散。如今的他不但支持我扔杂物，也开始注重购买物品的质量和实用性。

断舍离的心态也很重要，你要说有些东西舍不得扔，那也是正常的，但是留着确实也就永远没用。扔东西的时候不妨这样想：一平方米几千几万的房子，用来放着一平方米十几块的破烂，岂不浪费！然后顺着这个思路你会开始扔得超级痛快。

所以，今天你扔了吗？

有时候最简单的事，却最难执行。因为扔衣服时心疼，所以也少买了很多东西，无论是化妆品，还是七七八八的杂碎，因为知道没用，占地方，扔着心疼，就不情绪化地购买了。所以去逛街消费前，打开你的柜子重新整理一遍，你会突然发现："啊！这件衣服我什么时候买的？！一点都不记得！"

即便你的房子是租来的，但你的生活不是。即便不能马上改造房子，你可以马上改变生活状态。真的女神，她的家里肯定不会像仓库，该扔掉的东西，舍掉的利益，离开的"渣人"，即使会疼一下，但不会太犹豫。需要断舍离的，真的不仅仅是对衣服而言，还有身上影响我们健康的肥肉，让我们不开心的人，消耗我们能量的事。

把那些真的消耗你的、拖累你的人事物勇敢地从生活里拿出去，按照内心的想法，而非让"太贵了""太浪费""不好意思删掉这个人"这些思维在头脑中充斥，你会越活越自在。<u>要想改变未来，你首先要改变现在。好的生活不一定用很多钱，但一定要用很多很多心。</u>

看似是改造家，实际做得更多的是心上的断舍离，你到不了这个思维意识层面，就会一直囤东西，为外物所累，而无法改造自己的居住环境。

不光扔掉自己的东西，我也开始教孩子留下精而少的东西。从此开始培养家人们的购买习惯，学会做选择，如果要买，买少买精，而不是买一堆破烂。衣服是这样，家居用品更是这样。有选择性地买好的、贵的，买回来更在意的。

<u>始终记住，你值得拥有更好的，更贵重的，因为你是如此美好。</u>

回头想想，装修要改变的其实不是布局结构，而是彻彻底

底，甚至用"痛彻心扉"的感受，断离一些旧的物品和思想，断离这些物品对我们人生的影响。坐下来把那些这辈子都不会再用的东西摆在面前看看，如果只带走一样东西，你会带哪个？如果是人生最后一天，你会穿哪件？

少才是多。对着一个少而精的家，和少而精的我们自己，才可以愉快地说晚安，说早安。

现在的我和以前相比，每天都愿意回家，愿意在房间和自己独处，愿意质朴而坚定地深入生活、体验生活。

而这些年我最大的改变就是，原来会花很多钱买一个包，但现在真的什么包都无所谓，我开始越来越能 hold 住我所用的小物件，应了我说了多年的那句话：不在东西精贵，在你用什么什么精贵。

我不知道是因为体验过了名牌包包的不过如此，还是内在成长到"有没有都行"需要过程，在这个"着相"的社会，你永远无法只通过内在美走得更远。如果你的内在真的美，外在也一定是有秩序的。这个秩序不是名牌和华丽可以覆盖的，而是简单舒适，落落大方，是自然而然的场。

装修到了最后的最后，我在下决定把一个实木柜子扔掉的那一刻，觉得自己身上又轻盈了一点点。我选了几个喜欢的蒲团，把一个我老爸给我的，据说是可以当传家宝的水墨画拿下来准备还给他。我不喜欢的，无论多贵，都不该出现在我家。我喜欢这样的界限清晰。

这次装修，每每淘汰一个风格不符的家具都还是会有点心疼。毕竟不是用旧用坏，仅仅是因为风格不符。我跟男神说，这漫长的三个月工期即将结束，对那些新买的家具我没太大感觉，倒是旧的物件，无论是衣服还是摆件，大书柜还是整套的镜柜，挪走的时候，都让我觉得又拿回来一些属于自己的力量。

搬到这个房子很多年了，都因为这个房子位置的独特性，从没有想要给它装修得多好，虽然也曾尽力地一点点换换这，换换那，但都不彻底。房间里留下的那些据说液压杆的很贵的品牌家具，那些我家和母亲家搬家拿来的七拼八凑的家具，我用了五年，才真的把它们断舍离掉。

而人生主动权也是从这些个时刻，离开道德绑架，离开别人的操控，离开对未知的恐慌，开始真正属于自己。

3. 我家此刻

枯莲蓬与鲜荷花的盛夏，我家。墙上的字都由男神亲自书写。孩子的书桌前的"不急"，蒲团前的"三省"，卧室的"当

121

下"，客厅的"歇即菩提"。

整理衣物，不是清洁问题，是人生的课题。

不断地纠正自己的人生，问问自己你究竟需要多少衣服，多少朋友，需要多少留给别人的时间，而你留给自己的又有多少呢？把生活过得简单、丰盛、美好，把房间整理得舒适、自在，然后带着儿子们把自己的日常整理得更有秩序，这样爱生活，并始终热爱。

我发现，自己人生的重要转折点，都是从一句"愿意等你等，老娘不等了"开始的。减肥，"等断奶了再减吧"，"等孩子大了再减吧"，"等上班近点再减吧"，"等明年春天再减吧"。最后决定减肥就是爱谁谁吧，我要减肥了。装修房子也是，出去旅行也是，辞职也是，连养猫都是。

男神最爱说的话是"别折腾了，等××再说吧"！我心说，你等吧，我自己干去了。自己旅行，闭关，到处转，想干什么马上去干。现在他经常说"带我一起呗"。

我不等别人的承诺和许诺，别人都可以不靠谱，我自己对自己靠谱就行了。

二、众筹土耳其

我们总是会慢慢告别那个狭隘的自己，

走入更广大的天地。

不管是内在，还是外在。

1. 意外的红包，勇敢的启程

2017年年底我辞职以后，创业过程中遭遇了人生最大的低谷。那时候我知道团队对我不满意，也知道因为开发减脂营系统，我已经花掉近一年来所有的工资存款，手里几乎没什么钱了。年初早早就规划的土耳其旅行，也因为好友的时间问题不能成行。

我在朋友圈遗憾地感慨：没钱没同伴，看起来土耳其是去不成了。

没两分钟，我意外地收到了一个朋友的红包，她说："我支持大宝子去土耳其，想去就去，红包给你。"

收到红包那一刻我都懵了，支持我去土耳其？于是我把红包发到朋友圈自嘲，心说我辞掉工作后什么都没有了，现在混

123

得连旅行都得靠众筹了。

那段日子是比癌术后还无助的一段日子。

结果更懵的事来了，一时间无数个红包向我撒来，几个小时内大几千入账，去土耳其的钱迅速筹够，对于当时囊中羞涩的我来说，好像一个大的馅饼掉到了自己身上。

要知道在创业期间，你即使没钱，也得装作有钱，即使没信心，还要对一切有信心，即使没法交代。你还要真的想破头对大家有交代。我那时候做的是身体减肥，团队也只会做身体减肥，但我明白减肥不仅仅是身的事，更多的是心态的改变，可是团队的想法与我相悖，觉得既然做了就不能随随便便换方向。

我当时不仅仅是事业状态上比较窘迫，身体更糟糕。因为长这么大，我头一次遇到生计问题，淋巴全都肿大了，有一阵子气虚，还总在非月经期流血。那时候我经常半夜三点就醒了，一晚上一晚上睡不着觉，感觉自己可能离死不远了。带着这样的心情，我接受了朋友们的众筹款。想想，或许我真的，活不了太久了。

很多人因为我这个举动没少骂我，而这份委屈，我是今天在书里才第一次写出来。第一次创业失败后，合伙人并没有按约定给我钱，可能生怕我再次创业成功，而半年内独自创业的经验，也确实让我交了不少学费。这些路，都是我该经历的。后来却有人为了撕我，说我拿了大家的血汗钱给自己的孩子花，他们不知道，那段时间，我家的开支基本都是靠男神来支撑的，他怕我自己做事有压力，在我辞职以后的两年多时间里，每个月都给我发点"养自己"的钱。

给我发红包的，有些是我曾经帮助过的朋友，还有一些是从没有说过话的陌生人。

一个妹子私信我说："宝子，我们没时间去，大家都支持你去，平时你帮我们，现在我们帮你，你去土耳其，一是完成自己的梦想，二是带我们去，多发发朋友圈给我们看看。把这些钱收了吧，几块几十块都不多，不要那么上纲上线。"

还有一个妹子给我发来了66元，她说一定帮助没溜儿的我找到溜儿。

人家都是生病救命众筹，哪有我这样的"二皮脸"自己出去玩还想花别人的钱，虽然我没死成，但这个事被很多人拿来攻击我。又过了没半年，我从朋友圈看到一些事业做得很好的朋友，也会在朋友圈众筹自己的旅行，比如沙漠徒步五日这种自我挑战，他们很多人都还筹不到足够的钱。我想，能够筹到钱的应该算很幸运的。

回到 2017 年的我，在筹到款以后，我妈不放心我自己去，招呼着她的老姐妹们一起找了个 11 月底的旅行团。

2. 集结的尴尬

临出门的那个下午，导游拉了一个群，我进去一看，好家伙，本来一个人的"找溜儿之旅"变成深陷"夕阳红泥潭团"无法自拔了，不禁有些失落。这可能也是我没有动力收拾行李的一个原因吧。

坦白地说，我只是泛泛地了解土耳其，知道那有我心心念念的热气球，要好好玩，好好写攻略，回报给爱我的朋友们，但是我对那个国度此时还是完全陌生的。以往出国之前，我还会去买两本当地攻略，或者在网上看看游记，这次我什么都没准备，连行李都是出发前的那个下午现装的。可能就是因为对此行没有期待，所以十天下来，反而觉得土耳其旅行处处"无尿点"，惊喜总是在惊喜之后呈现，没有任何期待的景色会带给我很大震撼。

3．初遇土耳其

土耳其时间比北京时间晚五个小时，北京天黑，土耳其才下午。我去的时候里拉兑人民币汇率为 1:1.7，据说最高的时候1:3。我们在国内都换的美金，到伊斯坦布尔再换的里拉，街上有不少地方能换。乘坐土航从北京到伊斯坦布尔有十小时的飞行时间，北京这边加 4000 元人民币可以升舱，而从伊斯坦布尔回来就需要 10000 多元的升舱费了。另外土航国际长途的安全通道座位能伸开腿儿的位置需要另外付费。

经过十小时的空中飞行，飞机抵达伊斯坦布尔。盼这一天盼了近五年，梦想照进现实的时候，会觉得有点不真实。第一次对土耳其产生好感是因为一个陌生女孩，我清晰地记得她是某年十一去的土耳其，我那时在家，边奶孩子边给她点赞，对自己说："年纪轻轻不玩地球，玩生孩子，我是不是傻。"

这些年我在家看孩子当妈，眼珠子跟着不少人环游世界，常常活在懊恼中，懊恼自己没有先玩够再当妈妈，后来这些年我终于参透自己，玩儿这个事是没够的，跟生不生孩子没关系，多赚点钱支撑梦想才是真的。

看过《花儿与少年》，明星们去的地方总是和自己感觉的有距离，我对土耳其的记忆，说出来不怕你笑话，还停留在家门口超市吃过的土耳其烤肉，还是改良夹馍版。而现如今，当我们着陆在伊斯坦布尔，不知道是因为时差或者旅途疲惫，还是因为我太兴奋，竟然木呆呆地不想吃早饭，就坐在大巴车上，抬头看飞机一架架地从头顶飞过。我想，多年以后我依旧会清晰地记住那个半梦半醒的清晨，充满感动和感恩的早晨。那是自由的、自如的、真实的自己的开始。

这土耳其找溜之旅会幸福吗？

除了热气球，去的地方都是哪里啊？

都是干吗的？

我会安全吗？

我跟我的亲友团能不能玩得和谐？

我会不会跟我母亲大人打架啊？

有没有人能给我拍好看的照片啊？要知道带我逍遥带我飞可是我生命的原动力啊！！

带着这么多假设，开始土耳其旅行的第一天。

4．伊斯坦布尔

"如果世界是一个国家，那它的首都一定是伊斯坦布尔"——拿破仑

世界上唯一一座横跨欧亚大陆，由欧洲和亚洲两部分组成的城市，也是一座有着 3000 年历史的古老城市，旧城区于 1985 年被联合国教科文组织批准列为世界遗产。在这座古城里，基督教和伊斯兰教在这里并存，传统观念与现代文化在这里碰撞，西式的开放文化与中东的神秘面纱水乳交融，清真寺随处可见，每天准时有祷告的声音此起彼伏。最深的感触是走在马路上，除了亚洲的面孔少了一些，简直像在联合国开大会，大家穿什么样的服饰都有。

我们在伊斯坦布尔停留两天，下飞机后开始旅行的第一站：金角湾 Galata 桥，一座横跨金角湾，连接新旧城区的桥，上层用于交通（我看还有人在钓鱼），下层则遍布餐厅、咖啡馆和酒吧。清晨的金角湾站满了海钓的人群，大大小小的身影也形成了一套独特的风景，伊斯坦布尔冬天的清晨并不暖和，问了阿布，他说这些人多数是职业钓手，钓鱼卖钱，所以从早到晚，每每经过大桥，都看见上面站满了列队一样的海钓的人。同行小帅被别着枪的警察追着查了护照，护照随身携带这个事还是

挺严肃的。这阵势让我们一行刚下飞机头晕倒时差的人都吓了一跳。

清晨我们坐船游览横穿欧亚大陆的博斯布鲁斯海峡，一面亚洲，一面欧洲。只要你手里有好吃的，海鸥会跟着游船一直飞，特别壮观。

我们还看到了早上从亚洲区来欧洲区上班堵车的盛况。伊斯坦布尔的堵车据说世界闻名，因为地理条件无法开通地下铁，路面交通状况比较糟糕。我们头两天的行程基本上就在老城区附近，从蓝色清真寺到圣索菲亚大教堂，走路也就十分钟的距离，地下水宫和清真寺也只隔了一条马路，走来走去很方便。因为我是"怕冷星人"，在船上的大概一小时的时间里，我一直躲在船舱内看风景。据说在博斯布鲁斯海峡看日落非常有feel，伊斯坦布尔的日落，蓝色清真寺的夜景也很美。

上岸以后开始了两天的伊斯坦布尔老城区游览。我不太喜欢人文，更喜欢自然，我对人住的富丽堂皇的宫殿没有兴趣，所以但凡和王宫有关系的，我所用的游览时间就会比较短。来讲讲著名的圣索菲亚教堂和清真寺吧。

圣索菲亚教堂离蓝色清真寺很近，是世界上十大令人向往的教堂之一，因为卓越的建筑艺术，成为后来伊斯兰清真寺的设计模板。这个教堂原本是基督教教堂，后改成伊斯兰教的大教堂。穹顶上方的圣母玛利亚怀抱耶稣的壁画很漂亮。因为不懂伊斯兰文化，又赶上里面大面积装修，使我对教堂的欣赏有些打折扣。（实话实说，我更喜欢高迪的圣家族大教堂）。教堂侧面还有个哭泣柱，每个人都要把大拇指放进洞里，以其为圆心，其余手指转一圈，祈求健康平安。据说指尖能摸到水的人会梦想成真，然而我们都没摸到，我准备下回再去的时候给里面放点水，让大家都梦想成真，高兴高兴……这要是谁摸着了得多开心啊！就这么定了！

蓝色清真寺内的是伊斯坦布尔最重要的标志性建筑之一，寺内的墙壁全部用蓝、白两色装饰。蓝色清真寺属拜占庭风格的圆顶建筑，周围有六根宣礼塔，一般的清真寺只有一根宣礼塔，地位越显赫，宣礼塔越多，六个宣礼塔象征了伊斯兰教的六大信仰，蓝色清真寺是世界十大奇景之一。（现存唯一的六塔清真寺）

我们从侧门穿好鞋套进去参观，走路要小心地滑。穆斯林教徒才能走到清真寺中央的地毯上叩拜诵经，游客只能在后面参观。男士在前面，女士在后面，非常虔诚。

去往蓝色清真寺的注意事项：穆斯林可以走正门入内，游客在右侧门排队进入。女士进入前须用围巾或披肩包裹头部，太显性感线条的裤子最好不穿。游客入内必须脱鞋，有塑料袋供游客装鞋子。穆斯林做礼拜的时候，游客不能进入，所以要提前看好时间段。

大宝子特别提示，我去时里面的空气真的是百年不遇的，让我忍受不了。所以我进去后基本没有停留就出来了，那个臭脚，我的嘎嘎，如果你想多待会儿，尽量趁人少时去吧！

因为进去要包头，母亲大人们在门口包着头嘚瑟淘气了半天。最开始我是拒绝与他们合影的，甚至想虚荣地在朋友圈营造一种情调，一人旅行，但是吧，我很快就失败了，因为我发现找不着溜儿这事不赖我，赖我妈太没溜儿，臣服了……

接下来我们去了外国游客也会去的大巴扎。

"巴扎"其实就是市场的意思，东西方的商品都集中在这里，这个市场是中东是最大的，有好多个出口，写着不同的序号。里面的东西琳琅满目，如果你喜欢，可以买一个阿拉丁神灯回家尝试实现愿望，（我是好多年前在埃及买的，拿回来大家都觉得很新鲜）不贵，又很好玩。有些灯也很漂亮，但是我之前在埃及买过，回来不久就变黑了，如果你不是特别喜欢就别买了。我在里面转了一圈就开始日食七餐模式，东吃一口西吃一口，最后晚饭也吃不下去了……

说说土耳其的特色软糖，好看又好吃，就是卖的地方摆放得比较不讲究，也不放个膜什么的，但是真的值得一试。我尤其喜欢石榴的，不是很甜，酸酸的正合我胃口。买了一盒，发现有点像咱们大街上卖的切糕，倍儿沉，但是人家不会漫天要价，几十人民币。土耳其的饭菜比较寡淡，吃的时候自己放些调料就好，据说这边也在严格控制居民的三高，谁知道真的假的，反正咱们口重是真的，吃饭都会要求来点番茄酱。说起土耳其的汤，说实话我真的喝得够够的，我母亲大人说好喝，我喝着怎么就一股哈喇味……说是用一种豌豆煮的，总之土耳其的汤不是我的菜。

伊斯坦布尔随处可见 Kebab（烤肉卷）和 Cay（土耳其红茶），我们的司机经常会事儿事儿地端着一小杯红茶喝起来，还有苹果茶味道也不错，也是常见饮品。

伊斯坦堡最方便的交通工具是 Metro 电车，可是我回来才发现，竟一张照片都没拍!

伊斯坦布尔是个浪漫的城市。我坐在街边椅子上拍照的时候，老板说，如果喜欢这椅子，可以送给我。

地下水宫站岗的 JC 帅哥主动要求与我合影。我研究了两天发现，这里满街荷尔蒙，男人们看着都很 man，很有征服感，长得也都差不多（尤其是司机师傅，我经常看昏了）。不光是土耳其男人爱留胡子的问题，那只是表象。比如与我合影的这个男孩（原谅我叫他男孩，他真的看着好小），我觉得他端着枪比我还兴奋，跟人合影特别开心，我们还加了一个 ins 好友。

我跟男神说，我到土耳其的第一天就开始遇见帅哥啦，男神说，反正你们只是合影，并不能沟通。我到现在也没好意思跟他说我加了帅哥的 ins……哈哈哈！（晚上不会跪搓板吧）帅哥跟我说他是 police，所以 ins 没有打开权限，让我别在 ins 发他照片。我心说，晚上回去您在 facebook 上不定怎么发我呢。切！

会不会写："持枪偶遇亚洲一美女。"

在安塔利亚地中海游船上，船长友好地把我请进船舱，一直坐了一个小时，然后他问我，哪个是我的伴侣，我说我爱人没来。他问我结婚了吗，我说我的孩子都八岁了。然后他就不怎么爱理我了……

在土耳其经常看见猫猫狗狗，有的狗身上还有身份标识，它们个头都很大，和人很亲切，多数时候躺在地上晒太阳睡觉。我想它们上辈子可能跟这座城市也有很深的缘分。

在伊斯坦布尔行程就到此为止，圆满。一开始对满街陌生的异国面孔有些害怕，尤其是带着面纱的中东妇女，只露出两个炯炯有神的大眼睛，两天以后，开始适应当地人的热情和礼貌，但是我发现不要跟他们，尤其是男性对视，因为一旦对视，眼睛就有点不好意思挪开……然后就会一直尴尬地望着……

5. 地球上最像月球的地方

第二天车程八小时，赶往星球大战拍摄地卡帕多奇亚，路过首都安卡拉。很多人以为伊斯坦布尔是土耳其的首都，其实安卡拉才是。我对这个首都没留下特别的印象，倒是在安纳托利亚文明博物馆门口发生了有意思的一幕。

当地的小学生们一波波地进出博物馆，他们看见我们是亚洲的面孔，感到十分新鲜，他们可能也是刚刚学了一点英语，就跟我们"胡说八道"，连带合影，博物馆倒没什么可看的，这一帮漂亮的土耳其小朋友倒把我们都看嗨了，大家都拍了不少照片。我姨更有意思，她说她要在照片上写："我在土耳其做中文教师。"祝她的愿望早日实现……

汽车从伊斯坦布尔往北越走越冷，有地方甚至还有雪。很多国内的朋友问我："土耳其究竟是冷还是热啊，你怎么一会儿过夏天，一会儿过冬天。"嗯，在这想说说，土耳其有 78 万平方公里，从北到南也跨越了不少纬度，就跟从东北到海南差不多意思。伊斯坦布尔跟北京的纬度差不多，后面我们去的城市较温暖，稍微可以减些衣服。不同于北京，这里的冬天也没觉得那么寒风刺骨。

中途休息，我们吃的当地特色烤牛肉饼，酒足饭饱出来，碰见一个睫毛长长的羞涩男孩，旁边的大眼睛姑娘说那个男孩是伊拉克难民。伊拉克，伊拉克，曾经只在新闻联播听闻的国度。一个小难民就这样真实地站在我身边，手里怯怯地拿着几包餐巾纸，想招呼又不好意思开口。

自战争以来，叙利亚开始就不太接受伊拉克难民，后来叙利亚卷入战争，这两个国家的难民就往土耳其边境靠拢。据说这些难民起初是可以自由进入的，后来引发了土耳其的治安问题，于是就特别设立了难民区，难民区有几百万难民。据土耳其导游阿布所言，土耳其接收难民有两个原因：一来风水轮流转，万一哪天打起仗，土耳其也希望自己的国民被其他国家优待；二来，他们认为，在几百年前，这些国家就是一个国家，长相说话都差不多，他们本来就是同源兄弟，互相帮忙也是道义。

话题扯远了，只说面前售卖餐巾纸的这个小男孩，每包餐巾纸卖一里拉，我和另外那个姑娘一人买了一包。小男孩不好意思地说谢谢，然后拿着钱跑了。

很想要温暖他一下，希望每一个孩子都可以被这个世界温柔以待，即使是一里拉，积累起来，也会帮助他们换取更美好的童年。祝福那个小难民，愿他能有个和其他孩子一样平等幸福的童年。如果你去土耳其看见这样的孩子，几块钱的餐巾纸，买一包吧，我想这不叫爱心泛滥。离开那个男孩，我陷入了沉思。战争地区的人民，头一天可能还有价值百万的房产，本是生活幸福内心安稳的中产阶级，打起仗来一切都变了，固定资产没有了，稍微有点本事的移民走了，没本事的只能滞留在难民营漫长地等待，等待好日子再次回来。我深深地感觉到命运无常，陷入一些惆怅，但转念一想，除了对待命运的无奈，如果换作是我，在难民营里，我也是日子过得最好的那个，我跟哪都能活，不仅自己能活，还得给我儿子吃好喝好，锻炼我儿子卖东西，这也是好事，人一辈子的苦总是平衡的，早吃晚不吃。乐乐呵呵的我绝不会让人生坐以待毙，我相信我有这个本事。

啥都能干，啥都不怕的本事……他们说他们就喜欢我这种打不死的精神……

当社会、国家，不能为你负责的时候，才应该更深刻地明白，自己对自己负责，才能过上更好的生活。如果社会、国家，可以为你负责，就更应该学会感恩。再次启程，从首都安卡拉出发，途径冬日的盐湖，我在全程最冷的地方喝了杯土一样的咖啡，吃了一个 MADO 冰淇淋。

天黑的时候，我们终于抵达梦想地卡帕多奇亚。如果你是自由行，可以从伊斯坦布尔直飞格雷梅，省去坐八九个小时长途汽车的劳顿。

卡帕多奇亚主要位于格雷梅镇和于尔居普镇，从格雷梅游玩更方便一些，主要景点包括热气球都在这一带。我们住在于尔居普镇，旅行团比较多。其实卡帕有很多种玩法，只是我不愿意计划行程，这边说英语的也不是很多，想到要自己拿着行李包车或者找巴士有些辛苦，相对而言，跟团还是省心一些。只要把团选好，是不影响旅行体验的。

我也做过对比，到土耳其的团费 6000 元到 8000 元不等，表面上花里胡哨貌似一样，其实差的还是很多的。有的团需要转机浪费一天时间，有的团行程中包含很多自费项目，所以在挑选行程的时候还是要用点心，毕竟旅行体验不好，是会影响心情的。用来旅行的时间有限，还是多花点钱，选择一个适合自己的团。

我们的团费不菲，同团成员素质都挺高的，不迟到，不搞特殊，不影响他人，一路下来，彼此之间相处得温暖融洽。

在卡帕多奇亚，入住洞穴酒店后就见到两只友好的大金毛摇着尾巴等着吃肉。餐厅和住宿都有点像西柏坡，老板很友好。晚餐是自助，自此以后都没有中餐可以吃了，不过土餐也好。我们还品尝了土耳其当地啤酒。土耳其和埃及一样，在这边喝酒会有点费劲。喝完小酒跟着我母亲大人去了一家五星级酒店参观，确定下次来可能会换一个五星标准的洞穴酒店继续嘚瑟。

我们的热气球旅行被安排在第二天早上，头天下午导游阿布说可能飞不了了，这里 11 月只起飞了两次。当地气象局对热气球升空有严格的监测管控，即使一天不飞就损失很多钱，但也不能让大家冒着生命危险飞，很多游客都是失望离开的。飞不了，这对我们而言，绝对是坏消息。

好消息呢，是我们还有一次机会，如果不下雨不刮风，或许我们可以在后天早上升空。让我们一起祈祷，看看能不能有这份好运气。

坐热气球，在这梦想照进现实的时候，我却不幸看到了失望。

我问："能不能让我只是去看看呢？去看看都行！"

"不是不让你看，关键是不让飞的话，一个球都飞不了，去也看不到。"

好吧，如果老天如此安排，我只能接受，那个我想看的几十个上百个气球一起腾空的壮观景象，怕是只能在梦里了。

带着失落入眠。

第二天开始游览卡帕多奇亚的喀斯特地貌。

地下城

公元 7 世纪，基督教徒为了躲避罗马教迫害，修建一个很完整的具有通风系统的地下城市，据说最多的时候居住了上万人。地下城里面的很多地方都要蹲着走，像鸭子一样，不适合岁数大或者腰腿不方便的人，我和我的亲友团都玩得很happy……地下城一共有地下八层，目前只开放了四层，里面有1000 多个房间，还有教堂、厨房等等……感觉当初罗马教把基督教迫害得够严重的，逼得不是上山就是入地的。

乌奇萨要塞

值得一去的还有这里，庞大的洞穴社区，外景非常美。如果有时间一定要进去走走。

格雷梅露天博物馆

露天博物馆是在自然地貌基础上修建的建筑群。下午天气正好，蓝天白云，舒适的气候。在大自然里走一整天。

人群散开后，我独自走在拔地而起的山峰中央，抱住一个圆锥形的小山和它对话："我好喜欢这里，你听见我的声音了吗？你看到我的渴望了吗？如果可以，请让明天天气晴朗，请让我在高高的天空俯瞰你们好吗？"

我想，那片山，听见了我的声音。晚些时候，阿布说，明早六点半出发，我们去坐热气球。根据最新的天气监控，明早我们可以起飞。

那一刻，我热泪盈眶。

6. 要相信自己一定会有好运气

我们去坐热气球的一车人无论老小都非常兴奋。但在热气球没有升空的那一刻，谁都不敢说自己有十足的把握真的能体验到热气球飞行，据说有的人都站在了热气球里却接到临时通知不让飞了。因为天气冷，车上都是水蒸气，我们兴奋地不停地擦玻璃，睁着大眼睛往蒙蒙亮的窗外张望。汽车走走停停，突然就看见几个即将起飞的热气球。车内一片沸腾，感觉坐了一车幼儿园的小朋友。

"这是我们的吗？快看这个！"

"我喜欢那个颜色漂亮的！咱们能不能坐那个？！"

"一定要坐一个最漂亮的，在日出的时候升空！！"

昨天还在祈祷只要飞起，给黑色热气球都高兴的人群，现在开始挑三拣四了……

当看到远方热气球腾空而起的时候，车上的人无论老小都哇哇喊得十分兴奋。最后我们的车子停在了一片热气球旁边。大家每个人几乎都是飞奔下车的，下了车就跑散了，东看西看，拍照。谁也顾不上谁的既视感，哈哈哈哈……（有没有见过什么世面？答案是否定的。）

我始终记得那天早晨的自己。从脚再次踏上那片土地开始，眼泪就在眼圈里打转转。谁说山是没有灵性的，他们一定听到了我的呐喊！活到这岁数，经历了那么多世间冷暖，已经有很多很多事情让我觉得理所应当和麻木不仁，但我想我的热气球年度计划，这个心愿，是自己成全自己的。

我又像傻瓜一样跑到一处无人的地方，不停地对着天空说谢谢你，谢谢你，谢谢你，谢谢你。

那一刻，我热泪盈眶。

等热气球充好气，游客们一个个钻筐，在大家兴奋的叫声里，热气球腾空而起。

那无数次出现在我梦里我脑海里的上百个热气球起飞的画面，就这样真实又不真实地出现在了我眼前。大家都在兴奋地拍照，而我在一个没有人注意到的地方，偷偷地抹眼泪。我偷偷地在心里感谢那些支持我来旅行的朋友，偷偷跟自己说，大宝子，这下你死而无憾了。

我们的气球时而恨不得低得蹭到山尖，时而高得把我的恐高症都要吓出来，上面不冷风也不大，我们高高低低地俯瞰着整个大地，看别的热气球，在热气球上合影。我们一直担心由于天冷手一滑，手机会从千米高空掉下来。

旅行中的辛苦和美好，都是一个动态平衡。当之前阿布宣布，这里有一个好消息和一个坏消息的时候，我真想捂住耳朵，只听好消息。但你永远无法做到只听好消息。就好比你不经历长途跋涉，舟车劳顿，那些你想要看见的风景，就只能在图画里，在别人的眼睛里。导游阿布说，每一个真心实意，真神安拉，他都知道。

我想真神安拉他，的确懂我。

高空飞行40分钟以后，我们的热气球稳准狠地着落在一辆卡车上，一丁点都不差，技术"杠杠过硬"。大家依次出筐，兴奋不减，飞行员开香槟，拿飞行证书，大家举杯同庆，祝愿我们在未来的人生路上一直有这样的好运气。

在土耳其，我每天都感恩得像个"二傻子"。没办法不把我的喜悦分享出来，幸福快要满溢，人生还有数不清的惊喜在等待。我也告诉自己，每天都要认真地管理好自己的能量，让能量不外泄，不浪费在不值得的事和错的人上。管理好心念，笃定一个属于自己的未来。在我们下了热气球还在兴奋的时候，我看到朋友圈的提醒：今天已经是 11 月的最后一天了。回望2017 年，将近一年的时间就要过去，我翻开年初给自己设定的计划，在土耳其那行，隆重地给自己画了一个勾。我做到了，都做到了。

好想大喊：我好幸福！

在热气球上我突然明白，无论你做什么，对懂你的人无须解释，对不懂你的人，你怎么解释，他们也依旧不懂你。那些真的爱你的人，是能够理解和包容你的。而那些因为利益聚在你身旁的人，随时可以因利益翻脸，他们可以把你捧上天，也可以狠狠地把你踹下来，真的不要为他们自责。

你的生活还要继续，那是属于自己的。每一天每一分每一秒都是自己的。除了让自己内心强大，坚不可摧，这世界上没有什么是不可以放弃的。如果大家是因为利益聚到我身边，因为我没能给他们利益而翻脸骂我，这只是因为我不好利用了而已。如果我足够强大，我应该让自己具备价值，而不是怪别人翻脸不认人。我应该，让自己，具备价值。

而喊着要对别人负责的我，更应该爱自己，尊重自己，照顾自己，提升自己，这样我才有能力把身边的人事物协调好，才可能得到别人的尊重。在点滴的生活里我让自己变得强大，我就会修改人生的方向，过上我想要过的生活。修行自己，永远是唯一的出路。

我给自己制定的计划，都还在吗？

我完成了吗？

我 get 到新技能了吗？

我认真活在当下了吗？

我对未来心有笃定，没有恐惧吗？

我完全信任我生命里的全部给予吗？

在新的一年，如果"生活虐你千百遍"，我能做到"爱 ta 始终如初恋"吗？

我穿越了所有人生的难吗？

我接受自己人生犯过的错吗？

曾经的苦难，如今已经变成了货真价实的财富了吗？

过去的我不敢按内心的想法做事情，为了表面和谐，不敢说话，甚至说错话，说违心的话。如果我真的敢勇敢地做自己，把所有能量全部收回在自己的身上，不害怕，不担心，不讨好，不攀缘，我就不会陷自己于窘迫之中。

而这一次，如果不选择众筹的方式，陷自己于争议中，可能未来也会来土耳其，只是，不知道何时，不知道哪辈子。

微博上有人问我，众筹旅行的意义是什么？我想应该由大家每个人给出不同的定义吧。如果非要我定义，我想，应该是大宝子的示范，示范给自己，和有梦想的人，追求任何梦想需要勇气，需要"二皮脸"，需要无所顾忌。只要表里如一，没有什么不好意思的。

7. 一百次疯狂

热气球过后，我以为土耳其接近尾声的行程会开始有"尿点"了，其实不然。棉花堡又一次给了我惊喜。没想到啊，没想到，在这里的体验如此之好。

就是看图片眼睛过足了瘾，你也不会知道我脚下是如此的舒爽，要想知道究竟是怎么爽的，一定要自己去踩踩！在棉花堡，我第一次体验了滑翔伞，其实原本我的内心就是十分渴望高空跳伞的，于是一听说棉花堡有滑翔伞，我第一时间就去报名，这边山比较矮，风景一般，所以相对价格也不贵。对我来说正合适，我想要体验滑翔伞这种运动，并不挑山头和风景，只是想看看有多疯狂。等我上了山就开始自己嗨，给我做安全措施的飞行员一遍遍地叫我转过来。"Look at me！""Look at me！！"我对着山头吱哇乱叫根本不理他。

这里有个细节，我母亲大人得知滑翔伞可以有家属陪着去（如果车够大，人没那么多报名），结果你猜怎么着，原本九点半集合，但我六点钟就被母亲大人叫起来，我滑翔时，亲友团跟着开心得不要不要的。我跟阿布说："我的亲友团早晨六点就把我从睡梦中薅起来要围观我滑翔，你受得了吗？"阿布瞪着大眼睛跟我笑。

有人说在土耳其沿海城市飞特希耶的死海海滩，无论是看日落还是玩滑翔伞都会有更多惊喜，我想如果下次来土耳其，我会去费特希耶的死海看看风景。这次呢，已经很好了，还要什么自行车啊？

8.盆干碗儿净

再次启程，从地中海出发去爱琴海，目的地酒店可以遥望远方，希腊就在对面。地中海看日出，爱琴海看日落，人生幸福不过如此。

我确定自己还是没能把"溜儿"找回来，到达小镇我火速跟夕阳红军团散伙儿，手头这点里拉被花得盆干碗儿净，晚上的航班回北京。要不是钱花干净了，绝对不会回去。

临走之前，因为晚饭还要两个小时以后才能吃，我拉着另外一个姑娘在路边点上一顿，边等餐边为我众筹的姑娘们写明信片，边写边感恩，没有大家的资助，就没有此刻的我。

等到了伊斯坦布尔，我们的地陪导游阿布会帮我把所有明信片拿到开箱时间最早的地方寄出。剩下的，就是大家的好运气了，几十张明信片，雪花一样的祝福来到我们生命里。因为要明信片的人太多了，当时忘记给自己寄上一张，非常可惜。一个多月以后，大家陆陆续续收到了我的明信片，他们也眉飞色舞地告诉我："大宝子，你那来自土耳其的最高能量祝福，代表实现梦想的明信片，我收到了！！！"

9. 夕阳红蝴蝶军团

在第一时间知道我要跟我一家咋咋呼呼的母亲大人们出行，我的内心是恐惧无奈的。"中国大妈"所到之处总像在菜百抢黄金一样嘈杂和……（此处省略五千字，这样大家今晚可以早点睡）从我决定去土耳其开始，母亲大人比我还积极地比来比去选行程砍价招呼人。本来以为我要一直照顾着她们，结果是我如此幸福地一直被诸位长辈照顾着。

我不是听话的乖乖女，总让母亲担忧。母亲总追着我叨叨，大有不听老人言吃亏在眼前，让你吃亏吃亏吃亏的幸灾乐祸样儿。我从来土耳其的第一天第一地方就试图离她们远点，后来呢，我发现我跟她们玩得特别开心，走哪都有好吃的，和母亲大人们出门是幸福的。

从满脸嫌弃，到进入角色，到一起折腾一起闹。从怀疑人生，没人拍照，到找到一个最佳"摄手"给我拍得美如天仙。从热气球杯中酒，到滑翔伞不放心亲友团。从地中海日出，到爱琴海日落。她们是夕阳红军团，她们是"中国大妈"，她们是蝴蝶围巾组合。她们，是我最爱的家人，能疯能闹的一家人。

土国十日，两万公里山和水，从地中海到爱琴海，从地下到天上几千米，我没有和男神一起来，但我和生命里最重要的女人来了。我有幸见证了她们在六十岁的时候，还能生活得如此绽放爽朗，有幸给她们拍了充满异域风情的照片，有幸见证我姨夫飞天的一瞬间，有幸在我姨生病的时候给她拍打，跟她谈心。我们同在北京几十年，从来没有这样的机会，可以眼对眼面对面地坐下来，喝酒，聊天，说说我们各自的故事。

我说，我没有等到他们这个岁数在出来玩，他们说，他们才是活在了人生最完满的日子里。那个日子，上有老，下有小，平静安逸，计划旅行，挥洒着彩色的围巾，把旅行中各种喜怒哀乐变成生活的一部分，然后不回头，大步往前走。

在那不太遥远的未来，我看见我们继续一起走。生活，请收下我的膝盖，我好爱你。

热爱生活，始终热爱。

10. 敬离矫情越来越远的自己

我是很不喜欢矫情的人。作为一个曾经得过癌症的中年妇女，此行路上我仰望天空，祈祷说："伟大的造物主，您看，我虽然身子骨不行，但是至少能折腾能闹能吃能喝，人生游乐场太有趣，我舍不得离开，还想玩好久，我贪心，您能不能让我的小身子骨更苗壮，明年助我参加斯巴达勇士挑战赛一臂之力？我的人生还有很多件疯狂没有体验。"

我仿佛听见神的回应："行，你还能活好久，活得好好的。"

等我死后会看到我的生命日记中记载了，在我三十二岁那年，用第一个自己都没有设想过的方式实现了盼望五年的土耳其热气球之旅。

曾经，我是一个国企小职员，朝九晚五的我不敢有梦想，请假需要编各种借口，还有很多不合适和负罪感。我是两个孩子的妈妈，我曾经以为，只有当我的儿子们都上大学了，我才可以环游世界。我是甲状腺癌术后五年的年轻妈妈，防止癌细胞转移和复发我曾吃药跟吃饭一样规律。我曾经带着上万个姑娘减肥成功，并且现在还在做着这件事乐此不疲，跟会员聊天忙得顾不上去厕所，有时候还会叨叨到忘记喘气。

我按照我的玩法，规划我的人生和事业。我的身体现在还是不太好，我也依旧风风火火，非常自我。我的记性也不太好，最近开始吃鱼油，希望自己能更有条理性地对抗衰老（捂脸）。我有时候会害怕自己癌症复发，害怕我的儿子们没有妈妈，而当我长大，开始明白，真正绽放的人生状态，不需要努力证明或者通过什么人事物实现自我价值，而是真的你只需要把自己做好，做一个漂亮的妈妈，能跟儿子分享人生经验的妈妈，能因为自己的成就而成就更多人的女人。

如果可以做成这样的女人，即使活得短，留给身边人的，也都是美好的回忆。

如果我有幸能活很久，在自己衣食无忧的基础上，管好自己还能再影响着别人，那是我人生可以想到的最明媚的未来。

我不贪心。

如果，你真的一气呵成从头到尾看到这里，跟着我哭，看着我笑，和我一起耍神经，我愿意和你一起认真地思考，什么才是我们人生里最重要的事，谁才是我们需要拼尽全力去珍惜的人。在给自己时间成长和与别人"划清界限"这条漫长的路上，辗转迂回，几度徘徊。手中这杯酒，敬离矫情越来越远的自己，我很高兴看到你的成长。

土耳其之行接近尾声，越玩越嗨，朋友圈里几乎每条状态都上百的点赞，小小的一块钱，从开始那天就饱受争议的众筹之旅，"你不应该，你怎么能"的指责，我置之不理。一步步，坚不可摧地剥离那些人性的投射和控制，把他们说不可以变成"我觉得我可以"就够了。所以现在我被祝福着坐在热气球里热泪盈眶，而有些人，除了要求和指责别人，完全不敢给自己的人生另外一种假设。我很想问你，你敢不敢离开那些定义你人生的标签，勇敢地坚持走你想走的路?

　　<u>反正，我敢。</u>

　　大宝子在这里感恩参与土耳其众筹的每一分钱，每一个支持，每一个感动，我收到了你们发自内心支持的力量，他们让我更强壮。要知道，短短几个小时，得到近八千元的众筹，不是谁都可以做到，你们让我知道，我是如此值得爱与被爱。

　　你们不知道，那个突如其来的晚上，我体会到什么叫做红包雨，连我都不知道面对质疑我可以如此勇敢，我也从来不知道大家这么爱我。我骄傲地告诉我身边的朋友：我是带着祝福，众筹来的土耳其，我要好好写攻略，我要好好写感触，我要好好用我的眼睛给大家诠释土耳其的美。别人怎样想，是别人的事，而自己怎样活，对待生活，我们始终有选择。

　　我祈祷拥有一颗透明的心灵，和会流泪的眼睛，

　　给我无数再去相信的勇气，

　　越过谎言，去拥抱更精彩的生命旅程。

　　回来北京，清爽的空气，一切依旧的人事物，可我好像不

是那个我了。确定的是，土国回来，可以打 boss 升级了。放在两年前，如果知道未来可以当真把生活活成自己希望的模样，可能对这两年的所有过往，种种心碎和艰难，都让它随风消散，不用化成眼泪，独享杯中酒。

现在看来，值得。

每年年末这个时候，我都会给潇洒姐发一条私信。

第一年告诉她，我在特别努力地创业。

第二年告诉她，我被出局了。

第三年此刻，我知道她不会回复我，但依旧想告诉她：潇洒姐，三年了，我按自己的意愿过一年了。

生活给我们的，全部是礼物。

泪如雨下。

一辈子很长，能始终把日子过成自己想要的模样很难，

但也要尽量去努力。

要相信真诚、勇敢，坚持这些美好的东西，

只要有人与我们产生共鸣，

就会有蝴蝶效应，影响我们身边更多的人。

曾经别人活在我的梦想里，

此刻我活在自己的梦想里。

现在，我的梦想全部实现。

未来，我愿和你一起风生水起。

请你绽放，请你无畏，请你勇敢，请你坚强。

你想要的，时间都会给你。

第五章　写给我男神

十六岁那年我第一次遇到他，就知道什么是心动了。

他很帅，话不多，高高的个子，有点黑的皮肤，从远处走来有古龙水的香味，他懂的，总是比我多。

那时候因为要以学业为重，我们主要靠书信联系，打光了很多电话充值卡，一直希望能破译那个充值密码。好不容易到了周末能见上一面，很早出门，很晚都不想回家。

喜欢一个人的感觉，就是很想很想和他在一起，什么都不做也很开心。

好希望快点考大学，快点工作，就可以跟他在一起了。

非常幸运的是，我后来顺利地完成学业，他也参加了工作，到今年我们在一起十八年了。从初恋和他这样一路走来，从结婚到生娃，生活得风平浪静。

我得癌症那年，孩子才一岁，他也没嫌弃我，照样带着我出去吃吃喝喝，陪着我高兴陪着我哭。我是个大胖子，他也爱我。

我喜欢跟他刷存在感，无论是发脾气还是别的什么，看见他很紧张我的样子，我心里就莫名地开心。可是他是个"木头"，搞不懂女人的情绪和需求，所以我后来给他改名叫"老干部"。

我想，我是把自己内心全部的温柔，都给了"老干部"吧。

后来，我们一起学《周易》，修心，转变意识模式，他支持我学习，把我们的工资收入都用来支持我上课。

我就变得越来越有力量了。他也在我的影响下做了不少改变，比如喜欢健身，练毛笔字，和我一起做咖啡拉花。原来我是"直女"，他是"直男"，都觉得自己不需要成长，就这样，你必须喜欢我。随着年龄的增长和阅历的提升，我们更偏爱的夫妻生活，是坐在一起喝点小酒，聊聊工作和孩子，聊聊过去和现在，友好地互相表达感受和意见。

我们也吵架，吵架的时候我也歇斯底里。但是我允许我的情绪有出口，他也允许。

我们走在路上经常看见那些头发花白的爷爷奶奶挽着手走路，然后就彼此默不作声地捏一下手。我们约定，老了要一起去跳广场舞，如果他对我不好，我就推着坐轮椅的他，看我跟别的老头跳广场舞。

之前，我会觉得彭于晏是男神，外面的男人是男神，后来我明白，与其羡慕其他人，不如把自己的老公变成名副其实的男神，有型，有味儿，我的专属男神。

和之前立的所有 flag 一样，我做到了。他也越来越好，所以大家可以看到这本书，通篇那个"男神"，就是我先生本人。

结婚这些年，我们之间除了男女、娃爹妈、婚姻这些关系，应该还有一起提升生命品质的战友关系，这个关系里，我们始终互相扶持，一起走过，并且始终坚信我们是彼此最好的选择。

从未跟男神说过谢谢，谢谢他这些年包容我的坏脾气，谢谢他允许我做我想做的事，谢谢他在我不能照顾孩子的时候承担起接送上学、辅导作业等工作而没有怨言，谢谢他给了我他能给的全部支持，谢谢他的不离不弃，谢谢他一直在那里哄我开心。

未来生活，还要一起面对很多未知和无常，我们翻越障碍，跨过火坑，手拉着手，创造一个属于我们的未来。

我很幸福，真的谢谢你。

第六章 后记

两年前，我离开了工作十年的能源行业，勇敢地追随内心的热爱，如果过去的人生功课是岁月静好，那么从我选择的那一刻起，任务变成了"挑战中无畏前行"。

朋友说我变化大得让她掉下巴。时间不仅让我成长，更帮助我成为那个真实的自己。和你现在认识的大宝子不一样，我从小就是一个被家人限制很多的小孩，"不能""不许"声不绝于耳，看脸色长大的孩子，直到成人，也依旧活得不能太自我。我不能把自己的照片发在网上，工作的时候不能那样说话，不能跟这个男孩谈恋爱，要早点入党，只能买那款车，只能在一个稳定的体制内安逸度日⋯⋯

不敢有梦想。活着，保险和安全第一。

那时候我认为父母的话就是绝对的真理。直到癌症以后我开始审视我的生命，直到我开始兼职带别人减肥，做起母亲所谓"不务正业"的事，从二百元钱开始，逐渐地，兼职收入超过了工作收入。然后辞职创业，在没人帮助的情况下，从那个胆怯的犹犹豫豫的我开始，经历一步步艰难险阻，但竟然活过来了，活得越来越自如了。

原来，我的人生和曾经被设定的，不一样！从学习考证，到游玩旅行，我确实没法给自己续多长的命，但我拓宽了我生命体验的宽度：原来，活着，是这样的啊！！

这一年，我在土耳其蒙蒙亮的天空中，坐着热气球热泪盈眶。

这一年，我独自上路，默默学习、出差，脚步涵盖几十个城市。

这一年，我呼喊着"太爽了"，第一次尝试从山顶坐着滑翔伞飞跃而下。

这一年，我从第一次上尊巴课，到完成尊巴教练认证，一次次挥洒汗水，微笑看着有些不友好同行的轻蔑眼光，我不怕被人笑话，我只怕辜负了我自己。

这一年，我第一次参加斯巴达勇士赛，带着全家人克服难关，穿越障碍，成为我们自己的勇士。

这一年，我从自己上课，到直播上课，从自己健身，到带着我的会员们健身，看着他们蹦蹦跳跳养成了健身运动的习惯。

这一年，每一天，我像对待自己生命中最后一天那样去活，去真心对待我生命里的每一部分。

这一年，我的千聊课程"活出你自己""跟大宝子减肥28天"在没有任何营销的情况下，靠口碑累计播出了上万次。我的减脂营累计服务了上千名减肥会员，我的趣美生活馆小店，一单一单地卖出了一个皇冠，我经常对着手机充满感恩。

我把我的生命，活成了一支队伍。

我愿意，和你分享我活着的每一天。我愿意影响你，让你相信自己，可以按自己的意愿过一生。

如果我听父亲的话，此刻我应该在单位绞尽脑汁地写活动方案，写出来的方案有一半被直管领导说不行，另外一半被集团领导说不行。

如果我听父亲的话，一天挣着百八十的工资，算计着小日子，没有资格拥有说走就走的旅行。

如果我听母亲的话，延续着她的生命，我可能会有个好的工会，时不时被组织去公园玩玩，但我在退休前也没机会在凌晨天蒙蒙亮的时候坐热气球飞上天。

如果我听他们的话，他们说不行的事，我也一定认为我不行。

感恩我的父母，他们用生命，用他们的活法时刻提醒我，那不是我想要的，我要追随自己的心。我不是一个听话的孩子，可是我活出来了，我没有听他们的话，因为我有我的人生！不顺从也是爱，我不听话，可是我深爱着他们！活出我自己，才是对他们最好的报答。

有时候我们被父母控制着，我们讨厌这样的生活，但如果我们原谅父母，也就是原谅了自己。看到他们在爱我，我知道自己其实没有缺失过。

每个人的人生都身不由己，他们能给我的爱，或许是他们能给到的最多的了。前面的日子，他们为我铺路，后面的日子，我要自己拿出力量为自己铺路了。

要自我实现

"只要你还在担心别人对你的看法，你就会受制于人。只有当你不需要任何外界的认可时，你才能拥有你自己。"

人越成长越现实，梦想照不进现实的时候，你得接受。大多数事情自己搞不定，所以转过身去尽量做那些搞得定的小事。

安稳与挑战，对于三十多岁的人来说，是一个矛盾体，让人又害怕又向往。可人生，总需要疯狂一次的，追求你的理想，你的爱，甚至一些鲁莽的行程。因为年轻，因为输得起啊。因为输得起，所以更加勇敢和无所畏惧。所以，你需要克服的是你自己。

家庭和创业

从我辞职那天开始，家人就习惯性地给我安排"活儿"……

"你带孩子去趟医院也用不了太久吧！"（质问状）

"明天牙牙看牙，你又去不了是吧？"（驴脸状）

"你一会儿能接孩子吗？"（委屈状）

"你明天下午给孩子开家长会。"（通知状）

一个孩子也就罢了，我有两个孩子，还动不动调皮捣蛋的，当娘的又希望孩子优秀，着重培养，报些课外班、特长班在所难免，于是一周到头，每天都说下礼拜就没事了，而那个"就好了"的"下礼拜"我大宝子却始终没遇到。如果你想辞职做点喜欢的事，我的建议是尽量在没有孩子的时候去做这些事。

如果你是一个有娃的老母亲，一定要平衡好这个利弊。因为当你上班的时候，还属于一个有"正事"干的人，老让你请假，家人也过意不去。但当你辞职以后，家庭又相对安逸，不指着你创业赚大钱时，看孩子就变成了你理所应当的事。所以，我在带孩子和工作、生活中，用了很久很久，才找到了一个平衡。

在平凡、重复又现实的日子里，我偶尔丢失梦想，自我怀疑，但我从未丢失过自己。

有不少偷得半日闲的下午，蓝色天空的好日子，我骑着我的小摩托，从胡同这头到胡同尽头，深深呼吸这世界美好的空气。从雍和宫到皇城根，顺着东四大街骑到王府井，看游人如织，他们也应该都有属于自己的梦想吧？

辞职以后，你会发现马路上，不用上班的闲人那么多……

辞职以后，早晨醒来，你偶尔会觉得没有归属感。

辞职以后，你会发现所谓的"体制内"其实是自我安全感画的一个框框而已。

辞职以后这一年，在自我拼搏和成长中，爱过的恨过的，都被时间这个神奇的橡皮擦抹成空白。

无论命运给你发什么牌，你都必须拿着。用好你手中的牌，不管那牌怎样。

想去，就去了，

想吃，就吃了，

想做，就做了。

等不及，给以后了。

以前上班时，要担心健身回来吃不上午饭，现在终于可以正大光明地白天练晚上练了。辞职一年以后，有一次我回单位拿东西，在那条走了几年的路上我恍若隔世，我在等红灯的路口看见了过去的自己，在111电车站看见了过去的自己，在景山东门和护城河边看见了过去的自己。那个有点胆怯，有点自卑，有点爱嘚瑟的自己。那个好骗、简单、善良，又大大咧咧的旧的自己。

辞职这一年，我试着在家庭、孩子和做自己喜欢的事中平衡自己，试着在想做的事和能做的事中找到了自己，也是这一年，因为断了自己的全部后路，所以让我深入地了解了从未了解的人性，也更看清了这个世界，明白何为欲望何为现实，剥离模式，直击灵魂，然后勇敢又无畏地继续跳着往前走。我想说，之前多了些拧着的要强，多年以后，此时的自己，拥抱的是一个轻盈的未来和一个灵活并且彩色的人生。其实辞不辞职不关键，只要明白自己想要什么，不单纯地做一个单调乏味的人挨日子，就够了。

我也相信我所做的只是我未来人生跨度的冰山一角。人生种种，无一例外，心向往之，身体力行，感恩见证。

人终究要有揪着自己的头发将自己从泥地里拔出来的勇气，上天不会厚待任何人，但是自己可以成全自己，"人挪活，树挪死"，请相信所有的改变都是为了一个更好的自己。最好的自己，就是你在哪，哪牛气，你干什么，什么牛气。

未来某天，如果你在地铁里看见一个"傻大姐"举着手机看跳舞视频笑得跟花似的，时不时腿脚还抽搐的，请原谅她，她可能是一个新晋尊巴背课教练，那种记性不好，别人干一次的事她得干三五遍还未必能干好的……她的会员将来要从北京的各个角落来到她的舞台前和她一起释放一天的压力和紧张，她们信任她交付她生命里的每一个小时，她都不能糊弄。

未来某天，如果你在街上偶遇了去健身、去讲课、带着孩子正气急败坏的她，请你上去，给她一个拥抱，告诉她，通过这本书，你的人生也跟着改变了。对她来说，没有什么比这个更幸福了。

她叫，大宝子。

第一本书撒花，

生日快乐，愿你年年有今日，岁岁有今朝，天涯共此时。

也祝你早日实现那活得发光的梦想。

去谈恋爱，去远途旅行，去冒险，去读书。

尽可能地去开拓自己的生命边界。

去爱、去践行。

按自己的意愿过一年，

我，做到了。

此书献给我的外公、外婆，希望您二位可以看到孙女的第一本书，也真的了解您的孙女在做什么。你们从小教育我要发挥自己的专长，有利更多人的人生，我想，我真的做到了。谢谢二老对我的养育之恩，谢谢你们给我一个家。

此书献给我去世十年的爷爷，您拉着我的小手，带我一次次从五一小学回家过马路的样子，我这辈子都不会忘记，谢谢您给我买的机器猫和八珍烤鸡，谢谢您把您人生最好的，都带给了我。

养育之恩难以回报。谁言寸草心，报得三春晖。

感谢见证我自我成长这八年所有的朋友，无论是学过我的课程，上过我的减脂营，还是买过我的小玩意，谢谢你们如此真诚、包容地对待我，谢谢哭着笑着陪我走过人生高低起伏的你们，陪我越活越真实，越活越勇敢的你们，看着我有能力和勇气跟一件件事说再见的你们，我摔破了皮还愿意扶我起来的你们，挤兑我黑我然后去我微店下单买东西的你们，大宝子在这里深深感激有你们的陪伴。没有你们，没有我今天。

一个人如果想改变境遇，改变他人对自己的看法，永远是从自己内在最深刻的地方开始改变，开始做功课，从最痛的地方开始面对。唯有自己改变，才能带动身边环境发生改变，唯有自己变好，才能有能力带动更多人变好。

我想，我现在，具备这样的能力了。

我们有两种方式过活：
一是认为天下没有奇迹，
一是认为每件事都是奇迹。

从前的我与现在的我

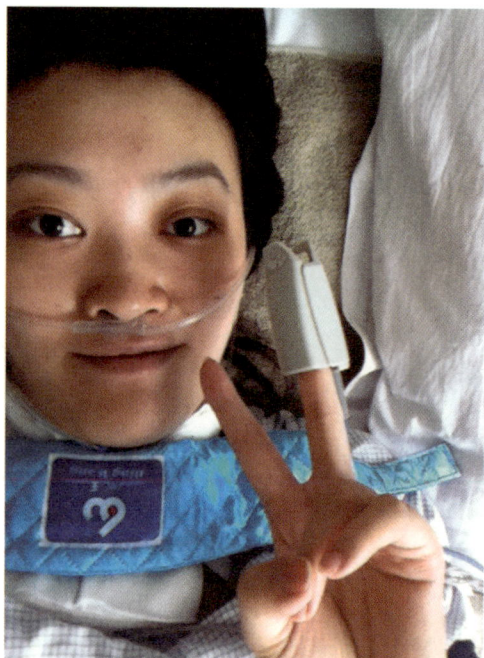
术后自拍

生完老二的我

成为国际认证尊巴教练

2018 年于上海，参加中国首次尊巴录制

女性魅力尊巴课

2017 年，拿到中级咖啡师认证

剃头

2018 年 10 月参加健身比基尼小姐大赛

参加千人大会演讲

参加斯巴达勇士赛

斯巴达勇士赛上的我和
我的大儿子

宝子的家

宝子的书桌

众筹土耳其，按自己的意愿过一生

遥望圣索菲亚大教堂

与帅哥合影

乌奇萨要塞

热气球之初体验

土耳其热气球

在高空的大宝子

棉花堡景区

第一次高空飞翔

夕阳红代表们

阿斯潘多斯古城

我男神

和男神第一次拍情侣照

我们在阿布辛贝神庙前

尼泊尔骑车环湖

一拖二的男神

幸福的四口

跳火坑挑战

艰难险阻一起前行

在海边跳尊巴的大宝子